广西文物保护与考古研究所
复旦大学文物与博物馆学系
上海城建职业学院
藤县博物馆

/编 著

广西藤县中和窑址调查报告

上海古籍出版社

图书在版编目（CIP）数据

广西藤县中和窑址调查报告 / 广西文物保护与考古
研究所等编著 . -- 上海 ：上海古籍出版社，2024.12.
ISBN 978-7-5732-1433-1

Ⅰ. K878.54

中国国家版本馆 CIP 数据核字第 2024UW1273 号

责任编辑：宋　佳　董　瑾
装帧设计：王楠莹
技术编辑：耿莹祎

广西藤县中和窑址调查报告

广西文物保护与考古研究所、复旦大学文物与博物馆学系、
上海城建职业学院、藤县博物馆　编著
上海古籍出版社出版发行
（上海市闵行区号景路 159 弄 1-5 号 A 座 5F　邮政编码 201101）
（1）网址：www.guji.com.cn
（2）E-mail：guji1 @ guji.com.cn
（3）易文网网址：www.ewen.co
上海雅昌艺术印刷有限公司印刷
开本 889×1194　1/16　印张 14.5　插页 5　字数 360,000
2024 年 12 月第 1 版　2024 年 12 月第 1 次印刷
ISBN 978-7-5732-1433-1

K·3759　定价：218.00 元
如有质量问题，请与承印公司联系

目 录

第一章 绪论

第一节 历史沿革与生态环境

一、历史沿革

藤县在先秦时期属百越地。秦始皇三十三年（前214）属南海郡，郡治番禺（今广州）。秦末汉初属南越国地。

汉武帝元鼎六年（前111）属苍梧郡猛陵县地，县治今苍梧县境。王莽新朝，苍梧郡曾改名新广，猛陵县改名猛陆；三国属吴，为苍梧郡猛陵县地；晋穆帝升平五年（361）属永平郡安沂县。

南朝宋属永平郡安沂、丰城、夫宁县。南朝齐仍属永平郡夫宁、安沂。南朝梁于永平郡置石州，属石州。南朝陈属永平、建陵郡。

隋平陈废永平郡，开皇十年（590）置石州，开皇十二年（592）改名藤州。大业三年（607），复以藤州为永平郡，属永平、安基、隋安、淳人，治永平县（即南朝齐夫宁县，开皇中改名）。

唐武德四年（621）改永平郡为藤州，领永平、安基、武林、隋建、阳安、普宁、宁人、淳人、猛陵、大宾、贺川、戎城等县；贞观时改名镡津，为藤州治所。贞观元年（627）属容州总管府。天宝元年（742）改名感义郡。乾元元年（758）复为藤州，辖镡津（原永平县）、感义、义昌、宁风县。

五代十国，仍为藤州；先属楚，后属南汉。

宋朝仍为藤州，开宝五年（972）省宁风、感义、义昌入镡津，熙宁四年（1071）隶广南西路。

元属藤州镡津县，隶湖广行省；元至正元年（1341）至明洪武元年（1368）末隶湖广行中书省。

明属梧州府，洪武二年（1369）九月，省镡津县入藤州；洪武十年（1377）五月降州为县，始名藤县。清代仍之，属梧州府。

民国初废府设道，民国二年（1913）二月，藤县属梧州道，七月设郁江道，属之。民国三年（1914）六月郁江道易名苍梧道，藤县属之。民国二十四年（1935）三月，属梧州行政监督区。民国三十年（1941）四月改为梧州行政督察区，区治梧州市，藤县属之。

1949年11月29日，藤县解放，县城驻藤城镇，属梧州专区。1951年7月9日，改属容县专区。1952年7月19日，改属梧州专区。1971年11月，改属梧州地区。1997年4月，梧州地区、梧州市行政区划调整，藤县归梧州市管辖至今。截至2023年，全县辖藤州、塘步、埌南、同心、金鸡、新庆、象棋、岭景、天平、濛江、和平、太平、古龙、东荣、大黎15个镇，平福、宁康2个乡[1]。

---

[1] 藤县志编纂委员会：《藤县志》，广西人民出版社，1990年。梧州市地方志编纂委员会：《梧州市志》，广西人民出版社，2000年。

二、生 态 环 境

藤县位于广西壮族自治区东南部，东接梧州市龙圩区、长洲区，南连岑溪市、玉林市容县，西邻贵港市平南县，北靠蒙山县、贺州市昭平县，介于东经 110°20′58″ ~ 111°11′24″、北纬 23°02′33″ ~ 24°03′09″ 之间。县境东西横宽约 86 公里，南北纵长约 112 公里，总面积 3 945.62 平方公里[1]。

藤县地处桂东南丘陵地带东北部，境内以低山丘陵为主，沿河有狭窄的冲积平原，素有"八山一水一分田"之称。县境内地质构造十分复杂，经历了漫长的地质演化过程。古生代时期是该地区最早的地质记录，出现了大规模的构造运动；中生代时期，该地区经历了地壳稳定期，沉积了大量的地层；新生代时期，则经历了构造翻转和岩浆活动，形成了现今的地貌景观。主要有断裂、褶皱和岩浆活动等构造类型。断裂主要以南北向和东西向为主，对地质构造和地貌形态产生了重要影响。多个褶皱带中，最主要的为南北走向，形成了一系列的山脉和山谷。丰富的岩浆活动形成了大量的火山岩和基性岩，对地质资源具有重要意义。

藤县地貌多样，包括山地、丘陵、平原、河流等类型。地势南北两端高，中间低，呈马鞍形，山地主要分布在西部和北部，丘陵主要分布在中部和东部，总体呈西北向东南倾斜。浔江自西向东横穿藤县中部，将县境分成南北两区。其中北部属大瑶山余脉，六练顶海拔 844.1 米，为全县最高峰。南部属大容山余脉。

藤县属亚热带季风气候，境内气候温和，浔江以北属中亚热带季风气候，以南属南亚热带季风气候。境内热量丰富，降水丰沛，夏长冬短，四季分明，无霜期长。春季多阴雨天气；夏季闷热多雷雨，有时产生大风暴雨和冰雹；秋季常有秋旱和寒露风；冬季多数年份有霜冻。多年平均气温 21.1℃，1 月平均气温 10.6℃，7 月平均气温 28.9℃。气温差多年平均 9℃，最大为 10.3℃，最小 7.6℃。无霜期年平均 332 天，最长达 350 天，最短为 286 天。年平均日照时数 1 679.1 小时。太阳辐射年平均总量 106 308 卡每平方厘米。年平均降水量 1 446.1 毫米，年平均降雨日数 160.5 天，降雨集中在每年 5 月至 9 月。历年平均相对湿度 81%。

藤县境内水系发达，河道属珠江流域西江水系，浔江沿北回归线自西向东穿流中部，把县境分成南北两片。河流走向多数从北到南或从南到北，除浔江外，又有北流江、蒙江等大小支流一百余条，其中北流江自南向北在藤县县城与浔江汇合。境内流域面积 10 平方公里以上的河流总长 1 596 公里，河网密度为每平方公里 0.4 公里，呈叶脉状分布[2]。

藤县境内土壤的有机质含量相对较低，具有较强的碱性反应和高碳酸钙含量等特点，矿物质养分较为丰富。土壤主要分为水田土、旱地土、山地土三大土类。其中，旱地土又包括潮沙泥土、水稻土、砖红壤性红壤、红壤、黄壤等亚类。山地土则主要包括红壤、赤红壤、紫色土、黄壤四种类型，其中赤红壤和红壤合计占比约 65%。其中水田土适宜种植稻谷等农作物；旱地土适宜种植花生、甘薯等作物；山地土适宜种植杉木、松树等林木。土壤的 pH 值范围在 7.5 到 8.5 之间，表现

1 藤县志编纂委员会：《藤县志》，广西人民出版社，1990 年。梧州市地方志编纂委员会：《梧州市志》，广西人民出版社，2000 年。
2 藤县水利电力局：《藤县水利电力志》，广西地质印刷厂，1999 年。

出较强的碱性反应。土壤中碳酸钙的含量大约在 6% 到 8% 之间，石灰反应强烈。

滕县窑业的发展，与本地区水系、土壤及植物等自然生态环境有密切的关系。

第二节　中和窑址历年工作概况

中和窑窑址群位于藤县县城南约 15 公里，北流河拐弯处东岸藤州镇中和村（原城关乡、潭东镇中和村，旧称老鸦塘）。窑址在中和村附近两条小溪之间狭长地带低矮的山岗上，南起芝麻坪，北至黎山口，南北长约 2 000 米，西从北流河往东至东山林纵深约 500 米，总面积约在 1 平方公里范围内。窑址遍布整个山头，低处为农田。目前共有窑址 9 处，时代主要集中在北宋后期到南宋晚期之间，产品类型基本为青白瓷。窑址群于 1981 年 8 月 25 日被广西壮族自治区政府公布为广西壮族自治区重点文物保护单位。

中和窑窑址群最早于 1963 年梧州地区文物普查时发现。1964 年自治区博物馆、1973 年自治区文物工作队、中山大学梁钊韬教授等先后发掘清理了龙窑炉一座，出土大量的瓷器标本与窑具等[1]。

1973 年 10 月 28 日《中国新闻》第 6940 期，报道了中和窑有关情况。

1981 年 9 月故宫博物院陈列部主任李辉柄等三人，在自治区博物馆两位同志的陪同下，到中和窑考察并采集标本。

1986 年 6 月，李辉柄等两人再次到中和窑考察。

1987 年 12 月 16 日自治区博物馆韦仁义、周继勇、谢日万到中和窑考察。

2013 年，中和窑被公布为第七批全国重点文物保护单位。

第三节　广西北流河流域瓷窑址
考古工作思路与规划

2021 年，复旦大学文物与博物馆学系、广西文物保护和考古研究所、藤县博物馆以及上海城建职业学院等联合对中和窑址群进行了系统的调查，对藤县博物馆历年来调查采集以及出土的标本进行了系统的整理，并对相关标本进行了科技检测，编写整理完成调查报告。此次中和窑调查研究，是广西北流河流域瓷窑址考古工作的重要一环，其基本的工作思路与规划如下。

1　韦仁义：《广西藤县宋代中和窑》，文物编辑委员会：《中国古代窑址调查发掘报告》，文物出版社，1984年。

一、基本思路、目的与内容

（一）基本思路

中国是瓷器的故乡，瓷器的发明是中华民族对世界文明的杰出贡献。瓷器不仅是中国本土最具特色的物质文化载体，同时通过丝绸之路，产品及技术远播至世界各地，是中国文化、中国智慧对世界重要影响的物证。

广西出土的瓷器可早到两周时期，而瓷窑址最早可上溯至汉代，主要为唐宋时期、延及元明，其中两宋是鼎盛时期，数量多、规模大、产品种类丰富。整个窑业主要分布于西江及其支流坡地，包括漓江中上游、黔江上游、贺江上游、武思江、北流河、右江中游等。窑业面貌上以海洋岭、大瑶山、莲花岭为线，形成两大釉色系：以西为青瓷，以东为青白瓷，各釉色系根据工艺特色可分别细分两大块。

两宋时期是广西地区窑业发展的鼎盛时期，西江支流北流河流域是这一时期的生产中心，窑业生产不仅规模庞大、窑口密集，且产品质量极佳，其北宋时期开始烧造的以青白瓷为代表的产品类型，胎质细腻、施釉均匀且釉面莹润，器物种类多样、造型复杂、装饰华丽，体现了整个岭南地区两宋时期青白瓷制造的极高水平，是中国岭南地区制瓷业全盛时期的代表。这些窑址依西江支流北流河分布，运输条件相当便利，产品烧成后即可在窑前码头装船下行至广州，再从广州港出发行销世界各地。从目前的考古材料来看，在非洲、西亚、东南亚、东亚等亚、非地区均发现有两宋时期的青白瓷器，其窑口产地，一般认为是江西与福建地区，作为交通运输条件更为便利的西江流域窑业被完全排除在外。因此对于该地区窑业的梳理，可以进一步理清中国两宋时期的窑业格局、岭南地区两宋时期的窑业面貌、以广西西江北流河流域窑业为代表的岭南制瓷业在一带一路对外文化交流中的重要地位等学术问题。这一地区的窑业产品是中国文化对外影响、交流的重要载体。

广西西江北流河流域的窑址群，涵盖了从国家级到县级文物保护单位以及文物保护点的所有级别的文物保护单位。其中，梧州市藤县中和窑遗址于2013年被国务院公布为第七批全国重点文物保护单位，并以此为核心，梧州市与藤县人民政府启动了中和窑遗址保护规划与考古遗址公园建设的规划项目。

（二）工作目的

此次工作的目的，旨在加强对以中和窑等遗址为核心的西江北流河流域瓷窑址的考古调查、发掘、保护和展示工作。以两宋时期西江流域及其重要窑业分布支流北流河流域窑址考古材料为研究对象，将社会科学与自然科学手段相结合，进行系统的多学科合作研究，揭示两宋时期西江北流河流域窑业发展过程，并向世人展示我国古代制瓷业的辉煌成就。

同时充分发掘西江北流河流域的窑业文化遗产价值，深入了解该地窑业的发生、发展过程，解决陶瓷史及青白瓷研究中亟待解答的问题，积累西江北流河流域考古发掘资料，为中和窑考古遗址公园的建设及海上丝绸之路世界文化遗产申报提供重要考古依据。

计划工作的区域为以广西壮族自治区藤县中和窑为中心的西江支流北流河流域的窑址群，包括梧州市与玉林市两大区域的中和窑址群、城关窑址群、岭垌窑址群三大片区。研究对象为瓷窑址，包括采矿遗迹，淘洗、成型、上釉、晾坯等作坊遗迹，烧造的窑炉遗迹，废品堆积遗迹，产品的堆放、运输路线与水系等遗迹，窑业的管理机构遗迹等。

贯彻以人为本的科学发展观，按照"保护第一、加强管理、挖掘价值、有效利用、让文物活起来"的文物工作方针，正确处理遗产保护与文化、经济、社会、生态环境的关系，促进社会效益、生态效益与经济效益的协调统一，使遗产文化价值获得整体保护，社会价值得到充分体现，使遗产地的社会、文化及经济和谐发展。

(三)计划实施

1. 对以梧州与玉林两市为中心的西江北流河流域瓷窑址展开调查与资料整理研究，建立大型标本与资料库；

2. 开展西江北流河流域重点瓷窑址的发掘与保护工作；

3. 对西江北流河流域瓷窑址出土的典型标本进行测试分析，建立测试的各种数据库；

4. 出版系列考古调查、发掘报告、研究专著；

5. 举办系列大型学术会议、展览，向社会推介研究成果；

6. 配合考古遗址公园的建设和世界文化遗产的申报进程，推动相关工作的开展。

二、工 作 背 景

(一)地理环境

北流河位于广西壮族自治区东部，是珠江流域广西境内的一条重要支流，发源于北流县南部的双威山，自南往北流经北流、容县、藤县三县境，在藤县城东注入西江。其上游在北流县境称圭江，入容县境称绣江或容江，因其自南往北流，故俗称北流河。岑溪市境有义昌江和黄华河两条支流自东南向西北流入藤县境，在藤县南部注入北流河。北流河流域所属上述四县均属于丘陵地带，沿岸有不少冲积平原，土地肥沃，雨量充足，适宜农耕。自古以来，这里就是广西地区开发较早、社会政治经济和文化较发达的地区之一，同时，此地又是古代尤其是宋代之前中原通往交趾和海南的必经之路。为保持通道的畅通，加强对这一地区的军事、经济和政治控制，唐王朝于天宝年间曾在此设置容管经略使。后来，由于宋王朝在桂西地区积极推行羁縻州制，加强了对桂西地区左、右江流域的控制，通往交趾和南亚便取道于左江，这里就失去了原先在军事、政治上的重要地位，但仍不失为广西地区社会经济文化较发达的地区。

北流河流域山峰起伏、河湖纵横，山间蕴藏着丰富的瓷土资源，纵深的山区提供了充足的燃料，河流则是原料与产品运输的重要通道，烧窑条件相当优越。北流河流域的青白瓷窑址正分布在这一地区北流河及其支流沿岸，它们依山傍水，分布密集，有的绵亘数里，是广西宋代瓷窑的重要分布带。沿北流河而下依次有岭峒、仓田、碗窑、村窑、大荣、容县城关、大化、藤县中和和岑溪南渡等窑址或窑址群。

北流河流域青白瓷窑址是在对外贸易的刺激之下兴起、以生产外销瓷为主的民窑，是迄今发现的广西宋代瓷窑的重要组成部分。这里地处当时中原乃至全国对外贸易中心广州的水路交通线上，有机会接触全国各地名窑的产品，因此吸取各地名窑之所长并加以发展，形成了既具有许多共同点、又有自身特色的风格。该地区的窑址群兴起于北宋后期，盛于南宋，衰于宋元之际，产品绝大多数仰仗于水路运到广州，再出口远销海外，因此，北流河窑址群的兴衰同广州对外贸易的兴衰息息相关。地方志中几乎没有关于这一地区窑业的记载，新中国成立以来窑址虽然陆续被发现，但由于调查、发掘、整理研究工作相对欠缺，它们的"庐山真面目"还没有为更多人所关注和认识，其产品在海外的一些发现往往也"鱼目混珠"，被归并到"广东地区"或其他相类的窑场中。随着调查、发掘、整理研究工作的发展和深入，以及海外的不断发现，这一地区窑址群的"真面目"将一一为人们所认识和重视。

图1-1 北流河边中和窑

（二）古代文献的梳理

北流河流域青白瓷胎质洁白细腻、坚薄轻巧、规整秀丽、玻化度高，釉面莹润、清澈透亮，以浅湖蓝色为主，也有泛灰、偏青类。瓷器种类丰富，器形多样，品种涉及人们生活的方方面面，以碗、盘、盏、碟为主，还有瓶、罐、盒、洗、钵、盅、魂瓶、鸟食罐、腰鼓等。魂瓶、腰鼓颇有特色，宋代人范成大和周去非分别在其著作《桂海虞衡志》《岭外代答》中提到"静江腰鼓，最有声腔，出于临桂职田乡"。其实，不仅临桂职田乡，桂北各地规模较大的宋代瓷窑都烧造腰鼓，而桂东地区的宋代瓷窑包括青白瓷窑场也都有烧造。宋代广西诸多瓷窑竞相烧造腰鼓之风一直延至19世纪末，而使用则一直要到20世纪40年代末。这种风气除与腰鼓"最有声腔""合乐之际，声响特远"的特色有关外，还与"广西诸郡人多能合乐，城郭村落祭祀、婚嫁、丧葬，无一不用乐，虽耕田，亦必口乐相之"的民风习俗密切相关。青白瓷窑址出土许多匣钵，器物上刻划或印有李、莫、林、陈、刘、梁、覃、岑、欧、区、龙、程、何及莫一、莫三郎、李小二、李九、梁四、岑七、岑八等姓氏或姓名，也有地名如"陵水"等，为我们探索窑业的经营方式及社会经济、文化提供了极为珍贵的实物资料。而且这些姓氏、姓名中如覃、岑、莫等是壮族的大姓，说明当地人直接参与了窑业的生产经营活动。

（三）历年考古与研究工作

1. 广西地区历年来主要瓷窑址考古研究工作

自 1963 年广西兴安严关发现宋代窑址以来，先后在藤县、容县、北流、岑溪、桂平、贵港、桂林、全州、兴安、永福、临桂、灵川、柳城、柳江、武宣、富川、钟山、贺州、北海、合浦、浦北、钦州、邕宁、横县、大新、百色、田阳、田东、龙州等地陆续有发现，到目前为止，已知宋代窑址遍布广西 30 多个县、市，达 50 余处。广西境内的宋代瓷窑场均使用龙窑炉烧造，形成两个不同的密集分布带：青瓷类产品以湘江上游——漓江——洛清江一线为主，包括全州、兴安、灵川、桂林、临桂、永福、柳城等县、市；青白瓷类产品则以浔江——北流河一线为主，包括桂平、藤县、岑溪、北流、容县等县、市。

广西已发掘的宋代青瓷窑址包括桂州、永福窑田岭、兴安严关、柳江县立冲南、上林九龙、田东那恒、全州江凹里等一众窑址。部分相关发掘成果已发表，主要有：桂林博物馆《广西桂州窑遗址》[1] 介绍了各窑址的产品种类及特点、装烧窑具、装烧方法、装饰手法及窑炉的构造，其中 3 号为北宋瓷窑址。广西壮族自治区文物工作队编写的《广西兴安县严关宋代窑址调查》[2] 对严关窑址出土瓷器的特征、窑址年代、窑址分期及其源流进行了深入探讨。广西壮族自治区文物工作队编写的《广西永福县窑田岭Ⅲ区宋代窑址 2010 年发掘简报》[3] 介绍了永福窑田岭窑址各类产品的型式和出土的窑具及其装烧工艺的特点。广西壮族自治区文物工作队等编写的《全州古窑址调查》[4] 对全州从北宋早期到南宋中、晚期三个不同时期的瓷窑遗址分别做了研究，介绍了三个窑址窑具种类及其装烧方法的特点。广西文物考古研究所等编写的《柳江县立冲南窑址发掘简报》[5] 详细介绍了窑址出土的窑具和窑炉特点，并对窑址的年代和制瓷技术来源进行了探讨。以上有关宋代瓷窑址的发掘资料介绍，为我们系统研究广西宋代青瓷窑场产品面貌、装烧工艺的发展和源流提供了基础性资料。

2. 北流河流域青白瓷窑址考古研究工作

北流河域是宋代广西制瓷产业的最大基地之一，也是我国青白瓷的重要产区。20 世纪 60 年代以来广西一系列的重要考古发现，填补了该地区陶瓷考古的空白。

北流河流域青白瓷窑址先后发现于 20 世纪六七十年代。为了解窑址的年代、产品面貌和文化内涵等相关问题，1964 年、1975 年、1979 年和 1991 年先后对中和、城关以及岭垌三处代表性窑址进行试掘，发掘规模较小，主要是清理废窑炉及其邻近的废品堆积，没有对作坊、采矿、销售与交通等相关遗迹进行探寻，发掘的总面积不到 1 200 平方米。

发掘资料显示，这三处窑址的烧造年代及产品等基本一致，只是岭垌窑址群时代稍晚，产品略

1 桂林博物馆：《广西桂州窑遗址》，《考古学报》1994 年第 4 期。
2 李铧：《广西兴安县严关宋代窑址调查》，《考古》1991 年第 8 期。
3 何安益、彭长林、韦军、袁俊杰：《广西永福县窑田岭Ⅲ区宋代窑址 2010 年发掘简报》，《考古》2014 年第 2 期。
4 广西壮族自治区文物工作队、全州县文物管理所：《全州古窑址调查》，广西壮族自治区博物馆：《广西考古文集》，文物出版社，2004 年。
5 广西文物考古研究所、柳州市文物考古队、柳州市博物馆、柳江县文物管理所：《柳江县立冲南窑址发掘简报》，广西文物考古研究所：《广西考古文集》（第 3 辑），文物出版社，2012 年。

为单一而质量略逊。三处窑址均发现南方地区普遍使用、依山势而筑的斜坡式龙窑窑炉，均使用先进的一匣一器仰烧法装烧，产品胎釉质量高超，胎质洁白细腻，釉面光洁莹润。这些窑炉都经多次改造，使用时间较长。窑炉一般长度在 50 米左右，一次可装烧两三万余件器物。其中最短的为容县城关窑 2 号窑，全长 26.4 米，宽 1.2～2.8 米；最长的为北流岭峒 1 号窑，全长近 110 米，为迄今广西发现最长的古代瓷窑，在全国也属少见。

（1）中和窑

见上节考古工作概述。

（2）城关窑

容县城关窑发现于 1964 年，1965 年玉林地区文物普查时做了较详细的调查，初步弄清了窑址的分布范围和烧制的大致年代。"文化大革命"期间，窑址遭受严重毁坏。1979 年广西壮族自治区文物工作队又对该窑址做了复查，并在窑址西区进行了抢救性发掘，清理出相互叠压的斜式龙窑两条，采集各种标本五百余件，以白中泛青的青白瓷为主，釉面莹润，胎质细腻、洁白坚致，制作规整精巧，达到了相当成熟的水平。此次发掘基本弄清了窑址保存状况与窑业面貌[1]。1981 年被公布为第二批自治区级文物保护单位。

容县城关窑诸窑址分布在容城镇，东起容城镇东郊红光大队缸瓦窑，逆绣江而上经容城镇至西郊厢西大队下沙子及下沙子对岸的上茶村一带，长约五六公里。这一地带明显地被分为东西两个窑区，中间隔着城区。城区的西北一带原亦有窑场，可见到零星的匣钵、垫饼、瓷器残片等遗物。东区窑址分布于绣江西岸的上窑社公岭顶、上窑屋青山、独墩山、下窑山、下窑社公山等坡地，而以羊湾河与绣江的汇合口沿岸最集中。这一地带当地俗称"缸瓦窑"，在这范围的岗坡上，尚可看到沟槽状的废窑炉及废品堆积十余处。废品堆积一般厚约一米，有的达三米，堆积由匣钵残片、垫饼、垫环、瓷器残片、废窑砖等组成，其中以匣钵残片为最多。这一窑区烧造的青白瓷器形有碗、盘、碟、杯、壶、盒、灯等，以碗、盘为主。胎体细致坚薄，釉匀莹润，多素面，个别饰菊印纹，有的碗类外壁别饰菊瓣纹。窑具主要包括垫具与匣钵，垫具中垫环使用较多，匣钵多为漏斗形，制作规整，外腹往往印有张、张七、马、邓、卢、八十、六十、千等字款。

西区在容城镇西郊约一公里，东起县农机厂，西至县烤烟厂，包括县农机厂、松脂厂、烤烟厂和县变电站等单位的范围，当地俗称下沙子。此外还包括下沙子对河沿岸上荣村一带，方圆约一公里，窑炉及废品堆积相当密集。西区由于地处近郊，遭受破坏极为严重，十余年来上述单位相继在此兴工动土，玉梧公路的扩宽填平使这里所有的废品堆积几乎被夷为平地，地面上匣钵残片、垫饼、瓷器残片俯拾皆是。从采集到的标本看，西区烧造的产品以青白瓷为主，器形有碗、盘、盏、碟、杯、壶、炉、盒、灯、钵、腰鼓、枕、洗等日用器。瓷器胎体与东区相同，但趋于更薄。装饰花纹方面以刻划花为主，其次为印花，题材主要有海水游鱼、海水婴戏、折枝花卉、席地缠枝菊等，有的碗类外壁刻饰菊瓣纹或莲瓣纹。使用匣钵亦多为漏斗形，外壁往往划、印有李、莫四、莫小一、莫小二、莫十一、卢、王八、陈七和四、五、十一等字款。

容县城关窑诸窑址的瓷器产品种类繁多，形式多样，制作规整，器形几乎涉及人们日常生活的

1　广西壮族自治区文物工作队：《广西容县城关宋代瓷窑》，《考古学集刊》（第 5 辑），科学出版社，1987 年。

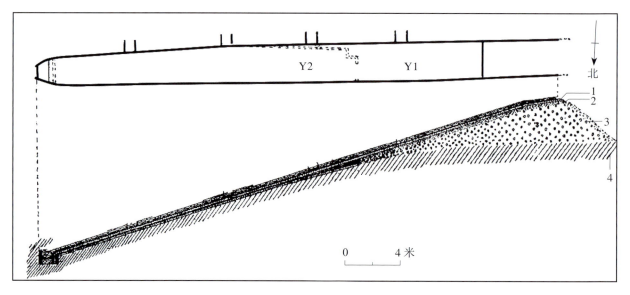

图1-2　容县城关窑Y1、Y2平剖面图[1]
1.河沙层　2.泥沙层　3.废品堆积　4.生土层

图1-3　城关窑出土的青白瓷盏

各种用器。胎体轻薄、坚硬，釉面莹润光洁，以白中微泛青色的影青釉为主，还有青绿、酱、褐、红和窑变等色釉。青白瓷器是最主要的产品，种类最多，釉色由于釉层厚薄和烧成气氛的不同呈现多种色泽，有白里透青犹如湖水般晶莹的影青釉正色，又有青白微泛灰色或黄色的釉色。

容县城关窑产品造型富于变化，多取花果之类的题材，制作精巧，形成了自己在造型艺术上的独特作风。器形有碗、盏、盘、碟、杯、壶、盒、瓶、钵、洗、唾壶、枕、魂瓶、腰鼓等，以碗、盘、碟为最多。窑具有匣钵、轴承、垫饼、垫环。碗、盏、盘、碟等器多作花口形，在仿花果、瓜类等造型的同时，还结合南方特点，模仿南方常见的如竹子之类来进行造型。在装饰艺术方面，运用刻划、印、堆贴等手法，装饰取材于日常生活中所常见的花卉、植物、动物、人物等题材，花纹布局严谨，线条刚劲流畅。碗、盏、盘、碟等器心一般作圆形图类结构，内壁作海泳婴戏。装饰的主要花纹有缠枝花卉、缠枝卷叶、折枝花卉、海水、游鱼和婴戏等。

容县城关窑是烧制日常生活用瓷的民间窑场。其产品相当精巧，除魂瓶之类在当地墓葬中偶有发现外，其他产品至今未见墓葬中出土。但从其窑炉及窑址规模，结合上、下游都有窑场烧造的情况来看，它们的产品远远超过了当时当地及其邻近地区的需求，有大量的产品可供外远销，且窑址正处于水路交通的要道，推测其产品势必同东南沿海各窑址产品一样远销海外。

（3）岭峒窑

岭峒窑于1981年被公布为第二批自治区级文物保护单位。1992年与1995年进行过两次发掘，

1　本图引自广西壮族自治区文物工作队：《广西容县城关宋代瓷窑》，《考古学集刊》（第5辑），科学出版社，1987年。

图1-4 岭垌窑出土绍兴二年（1132）纪年印模顶面

图1-5 岭垌窑出土绍兴二年（1132）纪年印模底面

清理出窑炉一条，为龙窑，全长108米。窑室弯曲不直，推测是为延长炉火在窑室内的停留时间以提高窑内温度。窑室内不分间，亦无挡火壁，残留有大量废弃匣钵。产品为一匣一器仰烧，以碗、盏、盘、碟为主，其他有壶、瓶、杯、香炉、魂瓶、罐、灯、砚、枕、腰鼓、盒、印花模具等。釉色以青白釉为主。装饰花纹有印花、刻划花、镂雕和堆贴等。花纹有缠枝或折枝、忍冬、荷花、菊花、双凤、游鱼、攀枝婴、摩羯等。窑具比较简单，仅有匣钵、垫饼两种，烧造时间为两宋时期[1]。

3. 广西宋代窑业技术的研究

随着广西宋代一批窑址的发现和发掘，考古学者已经开始关注瓷窑装烧工艺问题，并且取得了一些成绩。就广西宋代瓷窑装烧工艺研究发表的相关文章有：韦仁义《广西北流河流域的青白瓷窑及其兴衰》[2]对广西青白瓷窑的特点、性质、兴衰等问题作了论述，他的另一篇文章《广西宋代青绿釉瓷及其与耀州窑的关系》[3]对广西宋代窑址出土的青绿釉与耀州窑的关系提出了自己的见解。李铧在《也谈宋代广西仿耀青瓷与耀州窑的关系》[4]一文中，通过对广西宋代瓷窑的装烧工艺与耀州窑装烧工艺的比较，认为广西宋代青瓷系统产品应属仿耀州窑瓷器，而广西宋代生产青白瓷的制瓷技术来源于江西景德镇；李铧的另一篇文章《广西兴安县严关宋代窑址调查》[5]通过对兴安严关窑的碗、盏和窑具的研究，推断了严关窑的年代。郑超雄的《广西宋代窑瓷初探》[6]研究了广西宋代窑址的分布、烧造工艺和瓷器外销问题。谢玲的《广西柳江县里雍乡宋代瓷窑遗址》[7]在对柳江县里雍乡宋代瓷窑出土瓷器研究的基础上，为我们提供了探寻广西宋代青瓷窑场与湖南湘江中上游制瓷窑场之间传承关系的重要线索。周华《湖南青瓷窑对广西宋代青瓷的影响》[8]通过对比宋代湖南湘江中上游和广西青瓷窑址出土器物特征、装烧方法、纹饰，并结合历史文献说明广西宋代青瓷窑和湖南衡阳窑系制瓷技术的传承关系。

---

1 广西壮族自治区文物工作队、北流市博物馆：《北流市岭垌宋代窑址》，中国考古学会：《中国考古学年鉴1996》，文物出版社，1996年。
2 韦仁义：《广西北流河流域的青白瓷窑及其兴衰》，《景德镇陶瓷》1984年第S1期。
3 韦仁义：《广西宋代青绿釉瓷及其与耀州窑的关系》，《中国古陶瓷研究》（创刊号），1987年。
4 李铧：《也谈宋代广西仿耀青瓷与耀州窑的关系》，《文博》1999年第4期。
5 李铧：《广西兴安县严关宋代窑址调查》，《考古》1991年第8期。
6 郑超雄：《广西宋代窑瓷初探》，《学术论坛》1981年第5期。
7 谢玲：《广西柳江县里雍乡宋代瓷窑遗址》，《南方文物》2000年第3期。
8 周华：《湖南青瓷窑对广西宋代青瓷的影响》，《中国古陶瓷研究》（第9辑），2003年。

际已告完成，泉州一跃而起取代广州成为全国最大的对外贸易中心、当时世界最大的商港之一。随着泉州对外贸易繁荣，泉州地区的制瓷业也迅速兴盛，成为全国生产外销瓷的一个重要窑区。广州对外贸易衰落，给以广州为出口岸、以生产外销瓷为主的各窑窑以致命的打击而纷纷衰落并停产，其中即包括了北流河流域的各窑场。

5. 陶瓷科技考古研究方面

周本源等人采用液体静力称重法、高温热膨胀仪、能谱仪以及扫描电子显微电镜分别对中和窑青白瓷的体积密度、气孔率、吸水率、烧成温度、化学元素组成、显微结构进行了检测，并采用多元统计的方法对数据进行了分析，试图从器物的内在属性方面还原中和窑的制作工艺、内在特征、发展演变规律，进而为探讨广西宋代制瓷工艺水平以及宋代广西在海上丝绸之路中的地位等提供科学依据。其研究认为：（1）中和窑青白瓷胎质细腻，多数样品吸水率在 0.3% ～ 1.69% 之间，胎中孔隙直径为 20 μm 左右，烧成温度在 1 200℃ 左右。釉层较薄，厚度在 100 μm ～ 250 μm 之间。（2）中和窑青白瓷胎中 Al_2O_3 的含量在 23.44% ～ 27.32% 之间，与当地瓷土化学组成相似，胎料应是采用当地的瓷土，并不添加其他原料。釉料为釉灰和釉果以一定的比例配成，采用釉灰所占比例较高的钙釉配方。中和窑的烧造历程中，早期胎料淘洗比中期精细，中期釉料配方比早期稳定，且配方发生了改变，制作工艺水平有所提升。晚期制作釉料的瓷土采集点可能发生了改变，反映了经过上百年的制瓷原料开采，中和窑晚期存在优质原料缺乏的状况。（3）中和窑和城关窑胎中 SrO、ZrO_2 含量比值相近，在 1.4 左右，桂平窑青白瓷胎中 SrO、ZrO_2 含量比值在 0.9 左右，可通过胎中恒量元素 SrO、ZrO_2 含量比值对其进行区分。中和窑青白瓷相对于我国其他地区青白瓷（安徽繁昌窑、武昌青山窑、景德镇湖田窑、福建德化窑），胎具有高铝、低硅、高钾、高锰、高铁、低钠的特点，釉具有低硅、高钙、低钠的特点，并可以通过判别函数 $1.179SiO_2 - 4.315K_2O - 6.643Fe_2O_3$ 是否小于 52.113（其中 SiO_2、K_2O、Fe_2O_3 表示 SiO_2、K_2O、Fe_2O_3 的质量百分比），对广西青白瓷与我国其他地区青白瓷进行区分。（4）从田野调查、科技分析的角度对中和窑兴衰原因、技术来源、销售情况进行了补充。中和窑附近较好的原料品质可能是其兴盛原因之一，晚期优质原料缺乏可能是其衰落原因之一。中和窑制作技术可能来自广西境内较早烧制青白瓷器的窑场窑工。藤县人民的龙母、天妃信仰，可能与中和窑瓷器外销有关[1]。

（四）以往工作存在的问题

广西西江北流河流域的窑业从汉代开始出现，历经隋唐，兴盛于两宋时期，衰于宋元之际，这里不仅是中国青白瓷器的重要烧造区，也是中国青白瓷发展以及中国瓷器对外输出的杰出代表。与之相关的许多学术问题，不仅是青白瓷与一带一路中外文化交流研究中的重要课题，也是中国陶瓷史上的重要课题。包括这一流域青白瓷窑业的起源及其发展、窑场分布特征、基本窑业面貌与特征、制作工艺流程、生产管理制度、产品的流向与消费、以青白瓷为载体的中外文化交流等。

从目前北流河流域已完成的考古发掘项目来看，主要有岭垌、城关与中和三处窑址。三者不仅

---

1 周本源：《广西宋代中和窑青白瓷科技研究》，广西民族大学硕士论文，2016 年。周本源、汪常明、朱铁权：《广西中和窑青白瓷化学组成研究》，《广西民族大学学报（自然科学版）》2019 年第 2 期。

均是 20 世纪所发掘，有一些甚至早到六七十年代，而且发掘面积小，仅揭露了窑炉与少量的废品堆积，对于整个流域的窑址数量及其分布、窑场内的作坊布局、产品的基本面貌特征、制作技术来源等基本的窑业问题并不是十分清晰。

无论是岭峒、城关还是中和窑址，在发掘中主要是清理了少量废品堆积，除窑炉外，其他遗迹几乎没有发掘。因此北流河流域青白瓷制作工艺研究的材料少之又少，这严重制约了学界对这一地区窑业产品面貌的进一步深入研究，因此作坊遗迹的发掘清理是以后整个工作的重点之一。

更为重要的是，在两宋时期，青白瓷是中国瓷器对外输出的最重要门类之一，其产品遍布东北亚的朝鲜半岛、日本，东南亚的印度尼西亚、马来西亚、越南、新加坡、泰国，南亚的印度与斯里兰卡，西亚的伊朗、以色列，非洲的埃及、肯尼亚等国家与地区。在南宋中期前后的南海一号沉船上，青白瓷是最大宗商品，但是作为青白瓷主要产地的北流河流域相关产品，却至今未能在海外相关遗址与沉船中被识别出来，这与北流河流域两宋时期的窑业规模极不相称，也是之前相关工作较为薄弱的重要体现。

（五）本次考古工作计划实施的主要内容

鉴于以上存在的主要问题，借助本次考古工作规划试图深入探索的重大学术课题主要包括以下几个方面。

1. 北流河流域窑址基本面貌及其分布特征研究

目前北流河流域的窑业主要集中分布于岭峒、城关与中和三个区域内，对于整个流域内的窑址数量、窑业面貌及其分布等基本问题缺乏全面的了解。因此本规划首先对整个北流河流域进行全面系统的调查与勘探，了解本流域内窑址的数量、分布及其基本的窑业面貌，并在此基础上建立地理信息系统，为日后发掘、保护与展示利用提供考古学依据。

2. 两宋时期青白瓷基本窑业面貌研究

北流河流域两宋时期的青白瓷是这一区域鼎盛时期的典型产品，代表了这一区域最高的制瓷水平，但由于发掘面积比较小，野外考古相对不够充分，其产品类型、生产工艺、管理制度等基本的窑业问题仍旧没有很好地解决。对于这一时期相关窑业问题的深入研究，尚需要更多地借助于窑址材料的积累。

3. 两宋时期青白瓷的制作工艺研究

瓷器的制作工艺包括采矿、粉碎、淘洗、沉腐、练泥、成型、修坯、晒坯、施釉、晾晒、烧造、堆放、外运等系列过程。一个完整的窑址材料链条，除堆积与窑炉外，还包含与整个制作工艺流程相关的遗迹，而对这些遗迹的发掘、揭露，进而复原当时的工艺过程、窑场的布局等，才是完整的考古发掘与研究过程。

4. 两宋时期青白瓷生产的管理制度研究

管理制度的研究，是目前陶瓷考古中的难点所在。从目前调查采集与清理出土的窑具来看，在用以装烧的匣钵外壁上往往印划有姓氏名别、数字和各种符号。在所印划的各种姓氏经营窑业的窑主、工匠中，那些姓覃、姓莫、姓岑的窑主、工匠似乎是当地的壮族人，根据此类窑主或工匠的人名整理与研究，有助于探索以此为基础的窑业生产与管理制度。

5. 两宋时期青白瓷窑业技术来源研究

两宋时期北流河流域的青白瓷窑业技术既有与周边广东、福建及江西地区相似的地方，也有自身特色，主要是使用一匣一器仰烧法装烧。宋代广西诸窑场流行叠烧和匣钵仰烧两种不同的装烧工艺，且一开始就形成青瓷窑场使用叠烧，青白瓷窑场使用匣钵仰烧这一泾渭分明的风格。青白瓷窑场自较早的桂平窑址、容县城关窑址等瓷窑创烧起，至宋元之际停烧，所有窑场都是使用匣钵仰烧法装烧，个别窑场在创烧或到晚期后兼用匣钵内叠烧法。而在广东、福建及江西本地区广泛使用的覆烧法，广西地区并未发现。由于匣钵仰烧，器物釉面光洁无瑕，既无涩边的芒口，也没有叠烧的支钉痕迹，大大提高了产品的质量与审美价值而为人们所喜爱。因此此种技术的来源及其特色的形成，是未来重点研究的内容之一。

6. 窑业的兴衰与生态环境的关系

通过对窑址的系统调查，采集各个窑址的相关地理信息，探索窑址兴衰与地理、生态环境变迁之间的互动。

7. 产品的流向与一带一路中外文化交流研究

北流河流域两宋时期的青白瓷窑址分布密集，规模可观，窑炉容量大，这些瓷窑的生产规模远远超过当地的需要。而这些瓷窑聚集于交通沿线河流沿岸的这种分布特点，正说明了这些瓷窑的生产可能是带有外销性质的，它们的产品要靠水路外运。北宋后期，北流河流域的制瓷业迅速发展起来，它是为了适应对外贸易对瓷器的需要而产生，以生产外销瓷为主的、以广州为外销口岸的民营瓷区，它的产生、发展和衰落与广州的对外贸易息息相关。

但是目前在海外遗址与沉船上能确定为北流河流域青白瓷产品的几乎没有，这需要我们对海外出土的瓷器标本与北流河流域的产品重新进行对比研究，尤其是借助现代科技手段进行科技考古研究，以确定北流河流域产品对外输出的存在。

第二章 窑址调查概况

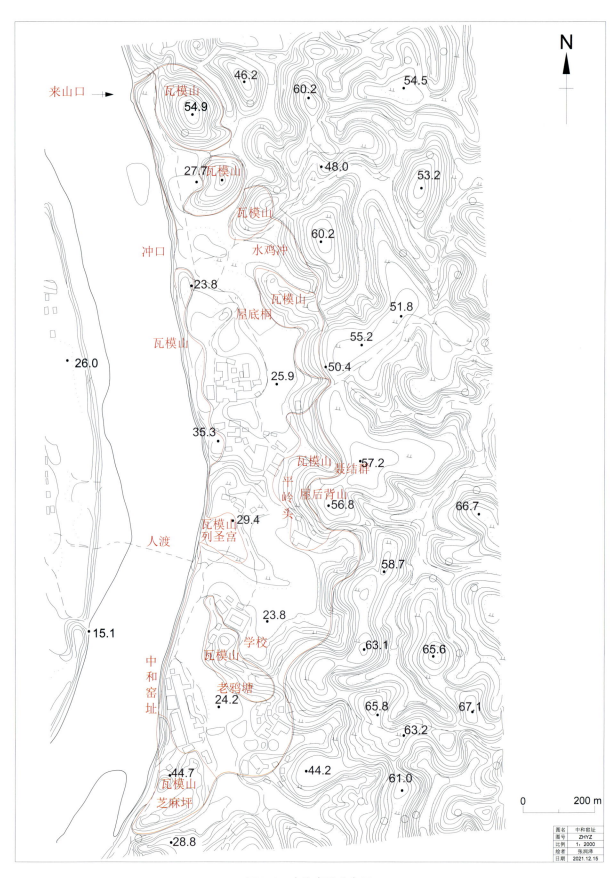

图 2-1　中和窑址分布图

　　2021 年，我们对中和窑区域各窑址进行了全面的调查，并在典型窑址采集具有代表性的标本，在秀江两岸的山坡上，以中和村最为集中。现将调查的各个窑址地点分述如下。

图 2-2　中和窑址点位置 DEM 图

一、Y1 黎 山 口

位置：猫儿河泵站东侧山丘上

GPS：23°18′52″N，110°55′11″E，21.57H

时代：宋

概况：遗址位于中和窑窑址群最北边的北流河右岸、紧邻猫儿河泵站的小山丘上。所在山坡见有竹林、入山车道、现代墓葬，遗址破坏严重。依据以往调查材料与当地文物部门工作人员的介绍，这里原先是一处烧造青白瓷的窑址。但调查过程中地表未见到明显的器物与窑具遗物，周边现代墓葬与进山道路的两侧堆土中亦未见到遗物。调查过程中见到随山势分布的疑似红烧土堆积，用手铲刮面，仍未见到遗物。

图 2-3 黎山口窑址航拍图

二、Y2 蚊 子 竹 根

位置：村路右侧山坡，黎山口窑址所在山丘南侧

GPS：23°18′49″N，110°55′12″E，18.89H

时代：宋

概况：遗址位于北流河东岸、黎山口窑址的南侧，但两者并不相连。堆积层距离河岸约 50 m，窑具堆积丰富，器物残片相对较少。地表为村民种植的竹林，为配合种植，山坡整体地势呈阶梯状，所采集标本主要见于竹根的断面处。青白瓷标本中未见印花器物。相对年代早晚难以判断。

采集到的标本均为青白瓷，器形主要有：碗（圈足、素面、冰裂纹）、碟（半釉、平底）、盏等。

窑具有：漏斗形匣钵（回字纹、吕字形印记）、垫饼。

图 2-4、5　蚊子竹根窑址地面窑具堆积

图 2-6　蚊子竹根窑址远景

图 2-7　蚊子竹根窑址航拍图

三、Y3 底村山背

位置：蚊子竹根南侧、瓦模山西侧山坡，村路路旁

GPS：23°18′44″N，110°55′14″E，5.79H

时代：宋

概况：遗址位于北流河东岸、蚊子竹根窑址的南侧，两者距离约为 300 m。原有窑址保护碑未见，询问村民得知应与蓄水池一起被误拆。窑址紧邻路边，距离河岸约 469 m，北侧已经开垦为耕地（种有木瓜、木薯、红薯等农作物），在此区域调查可见到零散瓷片、匣钵、垫饼遗存；南侧为

图2-8 底村山背窑址航拍图

图2-9 底村山背窑址地面堆积

图2-10 底村山背窑址堆积层（1）

图2-11 底村山背窑址堆积层（2）

图2-12 底村山背窑址北侧农田地表所见瓷片与窑具堆积

村内土路，另见有一处山丘断面，调查得知为当地居民修建房屋造成，断面长16.405 m，深4 m，东西向分布，包含窑址遗存的剖面堆积最深处约1 m，见有大量漏斗形匣钵、垫饼、垫圈、瓷器残片。

采集到的瓷器标本均为青白瓷，器形主要有：斗笠碗、敞口碗、印花纹碗、器盖、平底碟、瓜棱壶等。

窑具有：匣钵、垫饼、垫圈。

四、Y4 水 鸡 冲

位置：屋底垌东侧瓦模山山丘上

GPS：23°18′44″N，110°55′18″E，13.25H

时代：宋

概况：遗址位于屋底垌东侧瓦模山山丘上的村级道路与居民自建房屋中间，北侧为农田。田垄间可见零碎瓷片，南侧尚见有废弃蓄水池，其壁为村民利用窑具搭建。

现存遗址堆积地势相对平坦，面积较小，主要区域被竹林覆盖，地面见有零散匣钵、垫饼等窑具，竹丛根部见有叠压累积的碎瓷片、匣钵、垫饼、垫圈等遗物。窑址北侧小路为居民进出行车道，地表见有散碎瓷片、窑具，路旁堆积土中亦见有匣钵、垫饼等窑具遗存，瓷

图2-13 水鸡冲窑址保护碑

图2-14 水鸡冲窑址航拍图

片较少，但釉色青白、胎质细腻，质量较好。

采集到的瓷器标本均为青白瓷，器形主要有：圈足碗、平底碟、斗笠碗、盏等。

窑具有：漏斗形匣钵、垫饼、垫圈、支烧具等。

五、Y5 平岭头

位置：中和圩平岭头村

GPS：23°18′32″N，110°55′18″E，17.89H

时代：宋

概况：遗址位于北流河东岸，村路西侧两户居民家的中间，紧邻北流河码头，距离码头M1（近代）约110 m。因村路与居民自建房的建设，原有遗址堆积范围几乎不见。根据20世纪调查材料与当地文管所向导介绍，原有窑址堆积面积较大，堆积层较厚。调查过程中，在居民房屋周边的竹子根部与出入车道两侧都见有瓷片与窑具堆积，说明这些区域原来均应是遗址的分布范围。

采集到的标本均为青白瓷，器形主要有：

图2-15 水鸡冲窑址北侧农田地表所见瓷片与窑具残片

图2-16 平岭头窑址保护碑

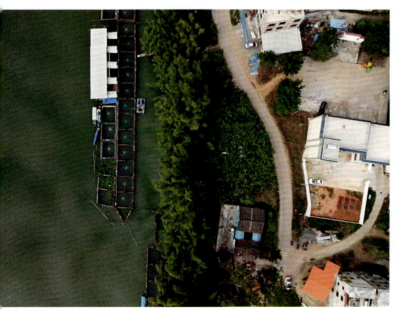

图2-17、18 平岭头窑址航拍图

图 2-19　平岭头窑址周边民居与地面窑具遗存　　　图 2-20　平岭头窑址北侧居民行车道两侧堆积所见窑具遗存

斗笠碗、瓜棱罐、壶（颈部）、盘、平底碟、碗（素面与莲瓣纹）。

窑具有：漏斗形匣钵（带字）、垫饼等。

六、Y6 罗 位 顶

位置：中和圩窑址保护区中段，平岭头村聂姓村民房屋后山

GPS：23°18′26″N，110°55′29″E，24.65H

时代：宋

概况：遗址位于北流河与村路东侧、居民房后山小丘上，村民自建房与储水设备对窑址遗存造成一定破坏。现存遗迹呈东北—西南朝向分布，地表种植有竹林，见有各类窑具与瓷片遗存，堆积层较厚。

图 2-21　罗位顶窑址航拍图

窑址遗存是现存9个地点中最为丰富的一处，见有器形较大的壶底与流残片，同时见有带符号的筒形匣钵。推测是生产质量较高、器形多样的窑址，年代相对较早。

采集到的瓷器标本均为青白瓷，器形主要有：凹底碟、流（应为壶的流）、素面圈足碗、印花圈足碗、壶底足、斗笠碗、盏等。

窑具有：漏斗形匣钵、筒形匣钵（带字）、支烧具、垫饼。匣钵见有带字款"周七"、带"回字形"符号、带落灰釉与素面几种。

图 2-22　罗位顶窑址旁聂家村使用窑具建造的民居

图 2-23　民居窑具壁局部

图 2-24　罗位顶窑址保护碑

图 2-25　罗位顶窑址堆积（白色管道为居民蓄水器管道）

图 2-26　罗位顶窑址地面窑具、瓷片遗存

七、Y7 庙 口

位置：中和村村委会旁，"列圣宫"所在位置

GPS：23°18′20″N，110°55′21″E，13.25H

时代：宋（中晚期，南宋范畴）

概况：窑址在村路与北流河岸中间、"列圣宫"所在位置。据当地文管所工作人员介绍，此地于20世纪曾经过试掘，后整修为村内寺庙，现为村里活动广场。现有保护碑紧邻路边，窑业堆积仅在寺庙后壁、地面与排水沟内残留小部分，后壁的剖面见有窑具、瓷片堆积，排水沟与寺庙院内踩踏面亦见有瓷片与窑具堆积。

参照试掘报告与藤县博物馆工作人员的介绍，此处为试掘的2号窑址范围，当时清理出龙窑炉一条，出土器物较为粗糙，相对年代晚于试掘的1号窑址，推测为南宋晚期。

采集到的瓷器标本均为青白瓷，器形主要有：莲瓣碗、敞口碗等。

窑具有：漏斗形匣钵（带字、垫饼）、垫饼等。

图2-27　庙口窑址所在地现为村内"列圣宫"所在位置

图2-28　庙口窑址保护碑

图2-29　"列圣宫"后壁与排水沟

图2-30　"列圣宫"后的瓷片与窑具遗存

八、Y8 肥 马 岭

位置：中和村小学操场外

GPS：23°18′17″N，110°55′23″E，11.38H

时代：宋（早中期，推测为北宋时期）

概况：遗址位于北流河东岸的村级道路东侧，中和村小学操场外。该处遗址20世纪70年代曾进行试掘，遗址堆积前见有藤县文管所保护围栏与保护碑，保护碑地点疑似为当时试掘的回填堆积。

现存遗址区域为高于路面的平整踩踏面，原有小山丘地形已经不复见。地表见有少量匣钵残片、垫饼与瓷片，路边剖面见有排列叠压整齐的垫饼（范围较小，不足以说明是原有堆积）。

依据藤县博物馆工作人员介绍，此处为20世纪试掘过的1号窑址位置，当时见有龙窑窑炉，出土有较多完整器物，宋元丰、元祐年间的钱币，推测为北宋早中期窑址，年代早于试掘的2号窑址。

采集到的瓷器标本均为青白瓷，器形主要有：莲瓣纹碗、素面碗、盏等。

窑具有：匣钵、垫饼（形制规整）。

图2-31 肥马岭窑址航拍图

图2-32 肥马岭窑址保护碑

图2-33 肥马岭窑址堆积

图2-34　肥马岭窑址靠近村路一侧堆积（1）

图2-35　肥马岭窑址靠近村路一侧堆积（2）

图2-36　肥马岭窑址保护碑

九、Y9 芝 麻 坪

位置：老码头后侧，老鸦塘（旧称）南部

GPS：23°18′05″N，110°55′26″E，15.86H

时代：宋

概况：遗址位于北流江东岸，村级道路的西侧，距离古码头距离约285 m。窑址遗存南侧为居民自建房与菜地，现存遗迹呈西南—东北走向。窑具与瓷片遗存主要分布在农田与居民自建房中间位置，见有一匣一器装烧的高足碗残片，也见有叠烧的敞口碗残片，因此推测此处窑址的使用时间相对较长，中间可能发生过装烧技术的变革。

采集到的瓷器标本均为青白瓷，器形主要有：平底碟、圈足碗、斗笠碗、器盖、罐、盏、盘（中心有菊纹）。

窑具有：漏斗形匣钵（带字）、筒形匣钵、垫饼。

图 2-37　芝麻坪窑址航拍图

图 2-38　芝麻坪窑址所在地保护与宣传牌

图 2-39　芝麻坪窑址周边居民修整土地筛选与堆积的窑具

图 2-40　芝麻坪窑址地表所见窑具

图 2-41　芝麻坪窑址窑具与瓷片堆积

十、古码头

位置：北流河东岸、芝麻坪窑址北侧约 285 m 处

GPS：23°18′02″N，110°55′37″E

时代：不详

概况：遗址位于北流河东岸、芝麻坪窑址北侧约 285 m 处，属于中和窑遗址保护范围内，见有文管部门设立的保护碑。现存码头遗迹见有窑具堆积的路面。据藤县博物馆工作人员介绍，此处在较长时间内曾是村落通往外界的主要交通方式，应为中和窑产品外销通道之一。

图 2-42　古码头保护碑

图 2-43　古码头所见窑具堆积路面

第三章

遗物

中和窑址周边有较多匣钵、垫饼、瓷片等遗物。根据遗物种类，我们将藤县博物馆馆藏历年收集遗物、调查采集遗物主要分为瓷器、生产工具和窑具进行统一整理。

第一节　历年调查采集瓷器

均为青白瓷，以碗与碟为主，兼有盏、执壶、罐、瓶、炉等。

一、碗

按口腹的不同可以分成六型。

A 型：敞口斜直腹碗（斗笠碗）

敞口圆唇，腹壁斜直呈斗笠状，矮圈足或假圈足。

标本 00273-0100043-1。敞口，圆唇，深腹，腹壁斜直，圈足极厚而矮，近假圈足。胎质细

图 3-1　标本 00273-0100043-1

腻，灰白胎，生烧。釉面失光，内施满釉，外施釉至下腹。内壁模印鱼纹。口径 13.4、底径 3.5、通高 5 厘米。

标本 00273-0100043-2。敞口，圆唇，沿微外撇，深腹，腹壁斜直，圈足。生烧。胎质细腻，灰白胎。釉面失光，内施满釉，外施釉至下腹。内壁模印鱼纹。口径 12.2、底径 3.3、通高 4.9 厘米。

图 3-2　标本 00273-0100043-2

标本 00290-0100060。敞口，圆唇，沿微外卷，口部略失圆，深腹，腹壁斜直，圈足。胎体细密坚致，胎色较白。釉面光润，釉呈青白色，内施满釉，外施釉至下腹。口径 11.4、底径 3、通高 4 厘米。

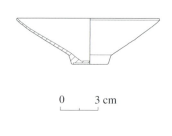

图 3-3　标本 00290-0100060

标本 01095-0100410。尖唇，敞口，外侧口沿微凸起，深腹，腹壁斜直，圈足。胎体细密坚致，白胎，有气泡。釉面光润，釉呈青灰色，施釉不均。内施满釉，外施釉至下腹。口径 12.6、底径 3.3、通高 4.6 厘米。

图 3-4　标本 01095-0100410

标本 01101-0100416。敞口，圆唇，腹壁斜直，上腹壁微外撇，圈足。胎体细密坚致，白胎。釉面莹润，釉呈青白色，内施满釉，外施釉至下腹。口径 12.2、底径 3.3、通高 3.8 厘米。

0　　3 cm

图3-5　标本 01101-0100416

标本 01107-0100422。敞口，圆唇，深腹，腹壁斜直，圈足。胎体细密坚致，白胎。釉面莹润，有土沁，釉呈青白色，内施满釉，外施釉至下腹。口径 11.9、底径 3.3、通高 4.1 厘米。

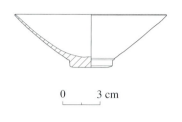

图 3-6　标本 01107-0100422

标本 01114-0100429。敞口，圆唇，深腹，腹壁斜直，圈足。胎体细密坚致，白胎。釉面较莹润，有土沁，釉呈青白色，内施满釉，外施釉至下腹。口径 12.3、底径 3.7、通高 3.9 厘米。

图 3-7　标本 01114-0100429

标本 01019-0100417。敞口，圆唇，口部略失圆，斜直腹，上腹部微外撇，高圈足。胎体细密坚致，胎色白。釉面较莹润，施釉不均，有土沁，釉呈青白色，内施满釉，外施釉至下腹。内底有一周压印痕。口径 13.5、底径 3.7、通高 4.5 厘米。

图3-8　标本01019-0100417

标本01114-0100430。敞口，圆唇，深腹，腹壁斜直，圈足。胎体细密坚致，白胎。釉面光润，釉呈青白色，内施满釉，外施釉至下腹。口径11.9、底径3.3、通高3.7厘米。

图 3-9　标本 01114-0100430

标本 01116-0100431。敞口，圆唇，沿微外卷，腹壁斜直，圈足。胎体细密坚致，白胎。釉面光润，釉呈青白色，内施满釉，外施釉至下腹。口径 12.4、底径 3.2、通高 3.9 厘米。

图 3-10　标本 01116-0100431

标本 01118-0100433。敞口，圆唇，深腹，腹壁斜直，圈足。胎体细密坚致，白胎。釉面较光润，釉呈青白色，施釉不均，呈斑驳状，内施满釉，外施釉至下腹。口径 12.3、底径 3.6、通高 4.4 厘米。

图3-11 标本01118-0100433

标本 01120-0100435。敞口，圆唇，深腹，腹壁斜直，口部失圆，腹壁斜直，圈足。胎体细密坚致，白胎。釉面较光润，釉呈青白色，内施满釉，外施釉至足。内饰模印纹。口径 12、底径 3.5、通高 4.3 厘米。

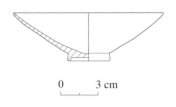

图 3-12　标本 01120-0100435

标本 01121-0100436。敞口，圆唇，深腹，腹壁斜直，圈足。胎体细密坚致，灰白胎。釉面较光润，釉呈青灰色，内施满釉，外施釉至下腹。口径 12.8、底径 3.5、通高 4.6 厘米。

图 3-13　标本 01121-0100436

标本 01289-0100525。敞口，圆唇，口部略失圆，腹壁斜直，腹部较浅，圈足。胎体细密坚致，灰白胎。釉面光润，施釉不均，有土沁，釉呈青灰色，内施满釉，外施釉至下腹。内壁饰模印纹。口径 12.7、底径 3.3、通高 4.1 厘米。

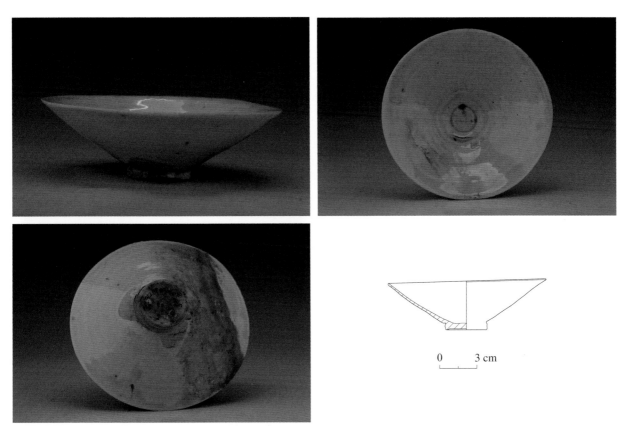

图 3-14 标本 01289-0100525

标本 01290-0100526。敞口，圆唇，腹较浅，腹壁斜直，圈足。胎体细密坚致，白胎。釉面光润，有土沁，釉呈青白色，内施满釉，外施釉至下腹。内壁饰模印纹。口径 13.2、底径 3.5、通高 4.1 厘米。

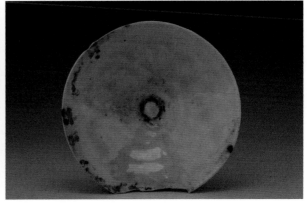

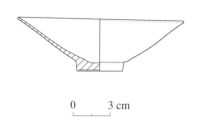

图 3-15　标本 01290-0100526

标本 01381-0100584。敞口，圆唇，深腹，腹壁斜直，上腹壁微内收，圈足。胎体细密坚致，灰白胎。釉面莹润，玻璃质感较强，有土沁，釉呈青白色，积釉处泛绿，内施满釉，外施釉至下腹。底足局部粘连垫饼。口径 12.8、底径 3.5、通高 4.6 厘米。

图 3-16　标本 01381-0100584

标本 00291-0100061。敞口，圆唇，深腹，腹壁斜直，圈足。胎体细密坚致，胎色较白。釉面光润，釉呈青白色，内施满釉，外施釉至下腹。内壁模印婴戏纹。口径 12.2、底径 3.6、通高 4 厘米。

图3-17 标本00291-0100061

标本 00293-0100063。敞口，圆唇，口部略失圆，上腹壁微外撇，深腹，腹壁斜直，圈足。土黄色胎，微生烧。釉略失光，釉色泛白，内施满釉，外施釉至下腹。内饰模印纹。口径 12.2、底径 3.7、通高 4 厘米。

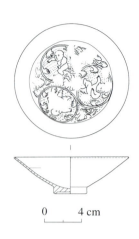

图 3-18 标本 00293-0100063

标本 01096-0100411。敞口，圆唇，口部变形，深腹，腹壁斜直，圈足极厚而矮，近假圈足状。外壁有一周凹弦纹。胎体细密坚致，白胎。釉面光润，施釉不均，有土沁，釉呈青灰色，内施满釉，外施釉至足。口径 13.1、底径 3.5、通高 4.3 厘米。

图 3-19 标本 01096-0100411

标本 01097-0100412。敞口，圆唇，深腹，腹壁斜直，矮圈足。胎体细密坚致，白胎。内壁烧焦、泛黑，外壁有土沁，釉呈青白色，内施满釉，外施釉至足。内饰模印纹。口径 13.1、底径 3.7、通高 4.7 厘米。

图3-20　标本01097-0100412

标本 01098-0100413。敞口，圆唇，深腹，腹壁斜直，矮圈足。胎体细密坚致，白胎。釉呈青白色，有开片，内施满釉，外施釉至足。口径 13.5、底径 3.5、通高 4.5 厘米。

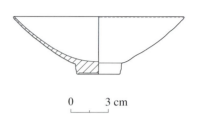

图 3-21　标本 01098-0100413

标本 01117-0100432。敞口，圆唇，深腹，腹壁斜直，矮圈足。胎体细密坚致，白胎。釉面较光润，有土沁，釉呈青白色，内施满釉，外施釉至下腹。口径 12.2、底径 3.3、通高 4.8 厘米。

图 3-22　标本 01117-0100432

标本 01122-0100437。敞口，圆唇，深腹，腹壁斜直，矮圈足。胎体细密坚致，白胎。釉面较光润，有开片和土沁，釉呈青灰色，内施满釉，外施釉至足。口径 13.5、底径 3.7、通高 5.5 厘米。

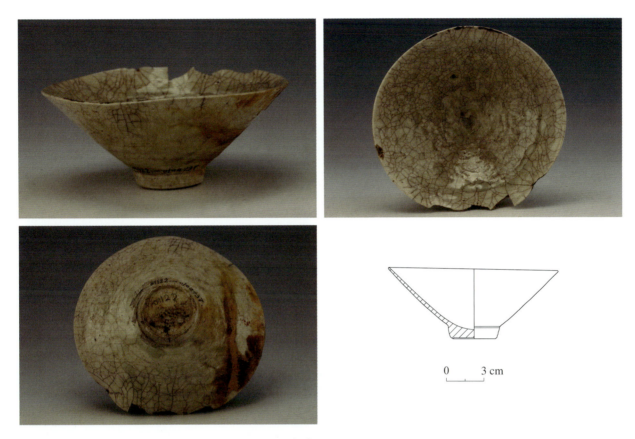

图 3-23　标本 01122-0100437

标本 01119-0100434。敞口，圆唇，斜直腹，矮圈足。胎体细密坚致，白胎。釉面较光润，釉呈青白色，施釉不均，内施满釉，外施釉至下腹。内饰模印纹。口径 12.8、底径 3.4、通高 4.3 厘米。

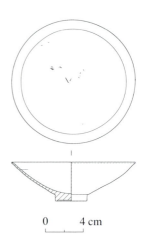

图3-24　标本01119-0100434

标本01152-0100467。敞口，圆唇，口部失圆，斜直腹，矮圈足。胎体细密坚致，白胎。釉面较光润，有开片，釉呈青白色，内施满釉，外施釉至足。内底饰模印纹。口径12.5、底径3.8、通高4.6厘米。

图3-25　标本01152-0100467

标本 01158-0100473。敞口，圆唇，腹壁斜直，矮圈足。胎体细密坚致，灰白胎。釉面较光润，釉呈青白色，施釉不均，内施满釉，外施釉至下腹。口径 12、底径 3.4、通高 3.8 厘米。

图 3-26 标本 01158-0100473

标本 01160-0100475。敞口，圆唇，腹壁斜直，矮圈足。胎体细密坚致，灰白胎。釉面光润，釉呈青灰色，内施满釉，外施釉至下腹。口径 12、底径 3.5、通高 4.5 厘米。

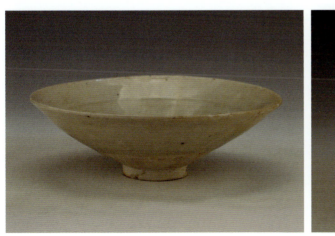

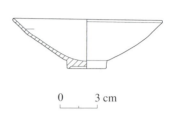

图 3-27 标本 01160-0100475

标本 01161-0100476。敞口，圆唇，口部略失圆，腹壁斜直，矮圈足。胎体细密坚致，灰白胎。釉面光润，施釉不均，有土沁，釉呈青灰色，内施满釉，外施釉至下腹。内壁饰模印纹。口径12.8、底径3.7、通高5.4厘米。

图 3-28 标本 01161-0100476

　　标本 01171-0100486。敞口，圆唇，口部略失圆，腹壁斜直，矮圈足。胎体细密坚致，灰白胎。釉面光润，施釉不均，有土沁，釉呈青灰色，内施满釉，外施釉至下腹。口径 9.7、底径 3.2、通高 3.1 厘米。

图 3-29　标本 01171-0100486

　　标本 01315-0100540。敞口，圆唇，腹壁斜直，矮圈足。胎体细密坚致，灰白胎。釉面莹润，釉呈青灰色，内施满釉，外施釉至下腹。内壁饰模印纹。口径 12、底径 3.6、通高 4.2 厘米。

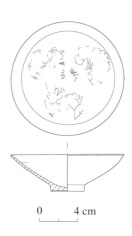

图 3-30 标本 01315-0100540

标本 01344-0100555。敞口，圆唇，腹壁斜直，矮圈足。胎体细密坚致，灰白胎色较深。釉面较莹润，釉呈青白色泛黄，内施满釉，外施釉至下腹。内饰模印纹。口径 13、底径 3.9、通高 4.1 厘米。

图 3-31 标本 01344-0100555

标本 01345-0100556。敞口，圆唇，腹壁斜直，矮圈足。胎体细密坚致，白胎。釉面莹润，釉呈青白色，内施满釉，外施釉至下腹。内饰模印纹。口径 12.8、底径 3.4、通高 4.2 厘米。

图 3-32 标本 01345-0100556

标本 01365-0100061。敞口，圆唇，腹壁斜直，矮圈足。生烧。灰白胎略黄。釉面失光，有土沁，内施满釉，外施釉至下腹。内壁饰模印纹。口径 11.4、底径 3.3、通高 6.8 厘米。

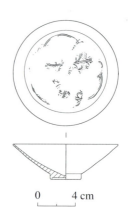

图 3-33　标本 01365-0100061

标本 01373-0100579。敞口，圆唇，腹壁斜直，矮圈足。胎体细密坚致，灰白胎。釉面莹润，玻璃质感较强，釉呈青白色，内施满釉，外施釉至下腹。内壁饰模印纹。底足有垫烧痕。口径 10.5、底径 4.2、通高 3.3 厘米。

图 3-34　标本 01373-0100579

标本 01162-0100477。敞口，圆唇，腹稍浅，斜直壁，内底下凹，圈足极矮，足壁较直。白胎。釉呈青白色，内外满釉，外腹施釉至圈足，釉面有土锈斑痕。内壁饰缠枝花卉纹。口径 12、底径 3.5、通高 3.7 厘米。

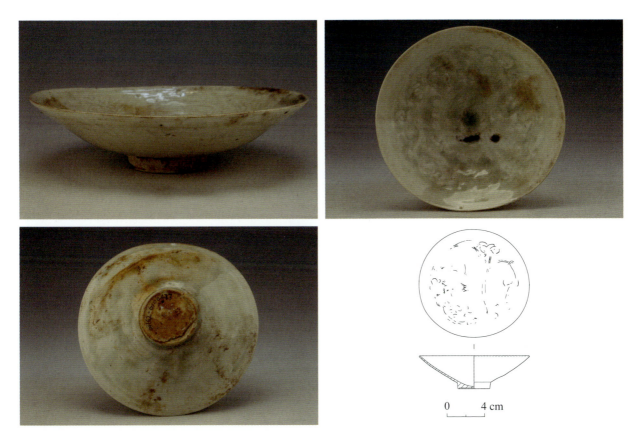

图 3-35　标本 01162-0100477

标本 C40。敞口，尖唇，斜直深腹，极矮圈足。灰白胎。釉呈青白色，内外满釉，外施釉至圈足，釉面有土锈斑痕。内壁饰缠枝花卉纹。口径 12.2、底径 3.3、通高 4.6 厘米。

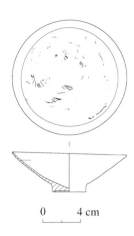

图 3-36　标本 C40

　　标本 01150-0100465。侈口，圆唇，斜直腹，矮圈足。胎体细密坚致，灰白胎。釉面较光润，有土沁，釉呈青灰色，施釉不均，内施满釉，外施釉至下腹。内饰模印纹。口径 13.3、底径 3.6、通高 4.5 厘米。

图 3-37　标本 01150-0100465

标本 C41。敞口，尖唇，斜直深腹，圈足极矮。灰白胎。釉呈青白色，内外满釉，外腹施釉到下腹近底处。内壁饰缠枝花卉纹。内、外底均有垫饼粘连。口径 12.2、底径 3.4、通高 4.6 厘米。

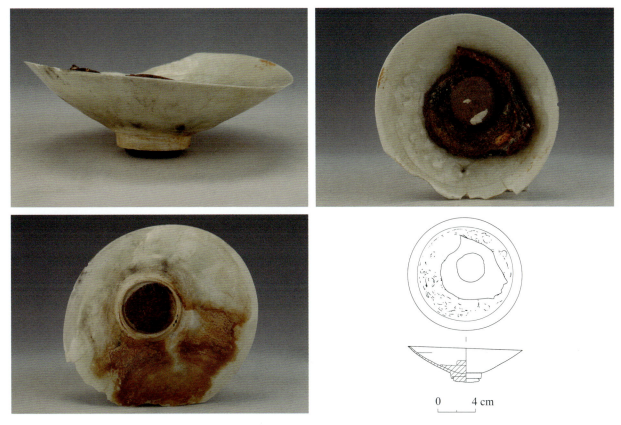

0   4 cm

图 3-38　标本 C41

标本 01100-0100415。敞口，圆唇，弧腹，腹壁较斜直，圈足。胎体细密坚致，黄白胎。釉面莹润，有土沁，釉呈青白色，内施满釉，外施釉至下腹。口径 12、底径 3.6、通高 3.9 厘米。

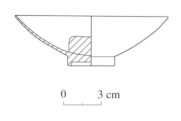

图 3-39　标本 01100-0100415

B 型：敞口斜直腹略浅弧碗

敞口，斜直腹略浅弧，腹壁略直，矮圈足。按施釉的不同可分成两个亚型。

Ba 型：外腹施釉及底或近底。

整体上胎釉质量较佳。胎质较细而白，釉面较莹润。器形较大。

标本 01155-0100470。敞口，圆唇，弧腹，斜直腹略浅弧，高圈足。胎体细密坚致，灰白胎。釉面较光润，釉呈青白色，有土沁，内施满釉，外施釉至足。内饰模印纹。口径 15.2、底径 4.8、通高 5.6 厘米。

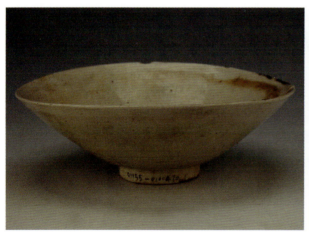

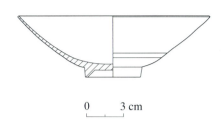

图 3-40　标本 01155-0100470

标本 01157-0100472。敞口，圆唇，斜直腹略浅弧，圈足。胎体细密坚致，灰白胎。釉面较光润，釉呈青白色，有土沁，内施满釉，外施釉至下腹。内饰模印纹。口径 15.2、底径 4.7、通高 6 厘米。

图 3-41　标本 01157-0100472

标本 01078-0100393。敞口，圆唇，斜直腹略浅弧，圈足。胎体细密坚致，灰白胎。釉面较光润，有土沁，釉呈青白色，内施满釉，外施釉至下腹。口径 16.6、底径 5.1、通高 6.4 厘米。

图 3-42　标本 01078-0100393

标本 00300-0100070。敞口，圆唇，斜直腹略浅弧，圈足。胎体细密坚致，灰白胎。釉面失光，有土沁，釉呈青白色，内施满釉，外施釉至足。口径 16.9、底径 4.4、通高 6.2 厘米。

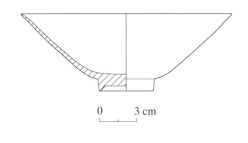

图 3-43　标本 00300-0100070

　　标本 00298-0100068-1。敞口，圆唇，斜直腹略浅弧，圈足。胎体细密坚致，灰白胎。釉面较光润，有土沁，釉呈青白色，内施满釉，外施釉至足。内饰模印纹。口径 15.6、底径 4.7、通高 6.2 厘米。

图 3-44　标本 00298-0100068-1

标本 00299-0100069-1。敞口，圆唇，斜直腹略浅弧，矮圈足。胎体细密坚致，灰白胎。釉面光润，有开片，釉呈青白色，内施满釉，外施釉至下腹近足。内壁模印三组牡丹纹。底足有垫饼粘连。口径 16、底径 4.6、通高 5.8 厘米。

图 3-45　标本 00299-0100069-1

标本 00299-0100069-2。敞口，圆唇，斜直腹略浅弧，圈足。胎体细密坚致，灰白胎。釉面光润，釉呈青白色，内施满釉，外施釉至足。内壁模印三组牡丹纹。底足有垫烧痕。口径 15.6、底径 4.2、通高 5.1 厘米。

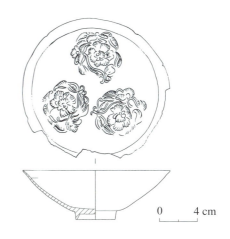

图 3-46　标本 00299-0100069-2

　　标本 01151-0100466。敞口，圆唇，斜直腹略浅弧，圈足。胎体细密坚致，白胎。釉面较光润，有土沁，釉呈青白色，内施满釉，外施釉至足。内饰模印纹。口径 16.3、底径 4.6、通高 5.8厘米。

图 3-47　标本 01151-0100466

Bb 型：外腹施釉不及底。

整体上胎釉质量略差，胎质略粗而深，釉面较为干涩。器形略小。

标本 01136-0100451。敞口，圆唇，斜直腹略浅弧，矮圈足。胎体细密坚致，灰白胎。釉面光润，有土沁，釉呈青白色，内施满釉，外施釉至下腹。内底腹间有弦纹一圈。口径 10.6、底径 3.6、通高 4 厘米。

图 3-48　标本 01136-0100451

标本 01138-0100453。敞口，圆唇，腹壁斜直略弧，矮圈足。胎体细密坚致，灰白胎。釉面光润，釉呈青灰色，内施满釉，外施釉至下腹。内底腹间有弦纹一圈。口径 11.5、底径 4.4、通高 4.8 厘米。

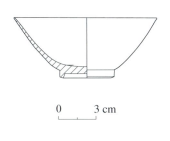

图 3-49　标本 01138-0100453

标本 01104-0100419。敞口，圆唇，斜直腹略浅弧，矮圈足。胎体细密坚致，灰白胎。釉面莹润，有土沁，釉呈青白色，内施满釉，外施釉至下腹。内底腹间有弦纹一圈。口径 10.8、底径 3.7、通高 4 厘米。

图 3-50　标本 01104-0100419

标本 01137-0100452。敞口，圆唇，斜直腹略浅弧，矮圈足。胎体细密坚致，灰白胎。釉面光润，有土沁，釉呈青白色，内施满釉，外施釉至下腹。内底腹间有弦纹一圈。口径 11、底径 3.9、通高 4.8 厘米。

图 3-51　标本 01137-0100452

标本 01105-0100420。敞口，尖圆唇，斜直腹略浅弧，小平底，矮圈足。灰白胎。釉呈青白色，积釉处呈湖绿色，釉面莹润，内满釉，外施釉至下腹。内底腹间有弦纹一圈。口径 11、底径 4、通高 4.2 厘米。

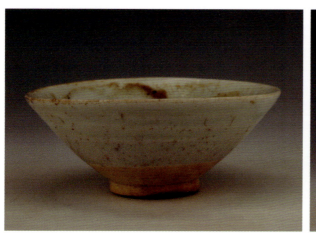

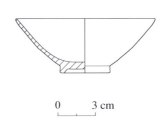

图 3-52　标本 01105-0100420

　　标本 00296-0100066。敞口，厚圆唇，浅斜直略弧腹，矮圈足。胎体细密坚致，灰白胎。釉面较光润，有土沁，釉呈青白色，内施满釉，外施釉至下腹。口径 10.5、底径 3.7、通高 4.2 厘米。

图 3-53　标本 00296-0100066

标本 01061-0100376。敞口，圆唇，斜直腹略浅弧，圈足。胎体细密坚致，胎色较白。釉面莹润，釉呈青白色，内施满釉，外施釉至下腹。内底腹之间有弦纹一圈。口径 11.5、底径 4.2、通高 5.1 厘米。

图3-54　标本01061-0100376

标本 00295-0100065。敞口，圆唇，斜直腹略浅弧，矮圈足。胎体细密坚致，灰白胎。釉面光润，釉呈青白色，内施满釉，外施釉至下腹。口径 10.5、底径 4、通高 4.4 厘米。

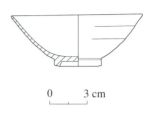

图 3-55 标本 00295-0100065

标本 00268-0100038。敞口，尖圆唇，斜直腹略浅弧，内底弧平，矮圈足。生烧。土黄色胎。灰白色生烧釉，内外满釉，外施釉至下腹。口径 10.1、底径 3.5、通高 4.3 厘米。

图 3-56 标本 00268-0100038

标本 C62。敞口，尖圆唇，斜直腹略浅弧，内底弧平，矮圈足。灰白胎。釉呈青白色，内满釉，外施釉至下腹。口径 10.1、底径 3.9、通高 4.5 厘米。

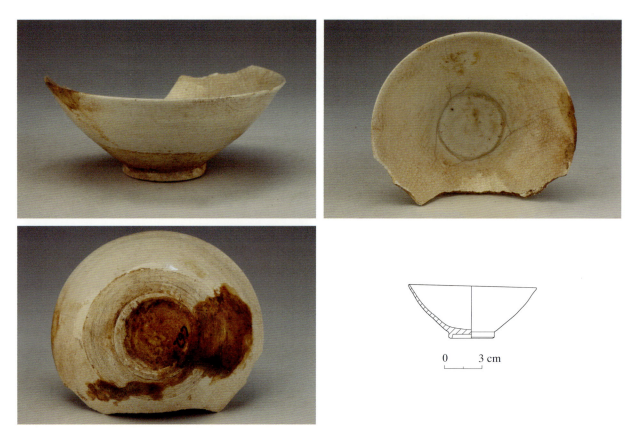

图 3-57　标本 C62

标本 C63。敞口，尖唇，斜直腹略浅弧，矮圈足。灰白胎，釉呈青白色，釉面莹润伴有细片纹，积釉处泛绿，内外满釉，外施釉至下腹。口径 11.5、底径 4.1、通高 4.7 厘米。

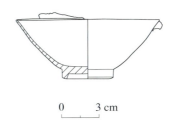

图3-58　标本C63

标本00301-0100071。敞口，圆唇，斜直腹略浅弧，圈足。胎体细密坚致，灰白胎。釉面失光，有土沁，釉呈青白色，内施满釉，外施釉至下腹近圈足。口径16、底径4.7、通高6.4厘米。

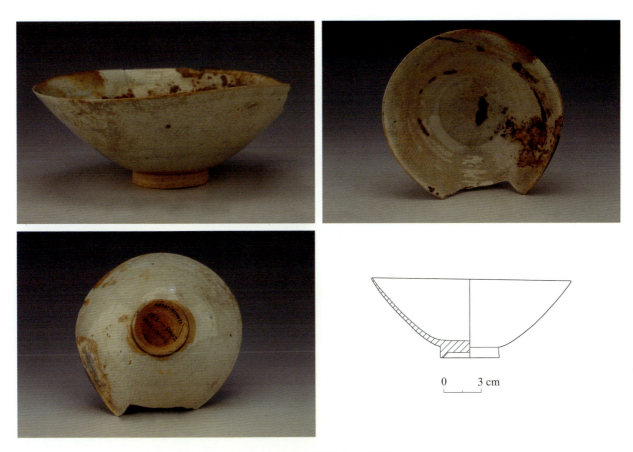

图3-59　标本00301-0100071

C型：敞口深弧腹碗

敞口，深弧腹，矮圈足。按施釉不同可分成两个亚型。

Ca型：施釉至圈足。胎釉质量较好。胎质较细，青白釉面莹润。

标本01325-0100545。敞口，圆唇，深弧腹，圈足。胎体细密坚致，灰白胎。釉面较莹润，施釉不均，釉呈青白色，内施满釉，外施釉至圈足。口径14.9、底径4.4、通高5.6厘米。

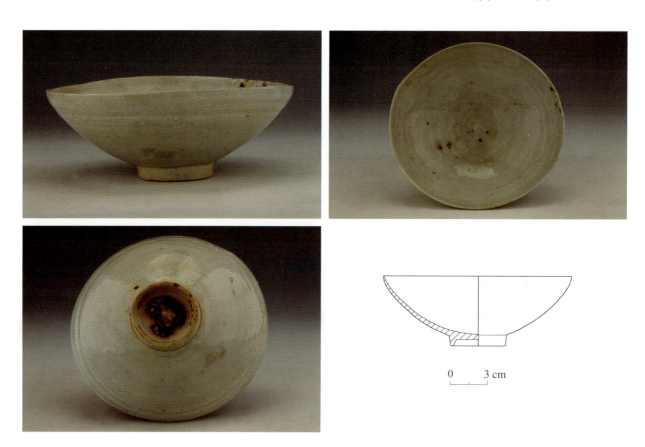

图3-60　标本01325-0100545

标本01062-0100377。敞口，圆唇，深弧腹，圈足。胎体细密坚致，灰白胎。釉面较光润，有开片和土沁，釉呈青白色，内施满釉，外施釉至圈足。口径14.5、底径4.6、通高5.7厘米。

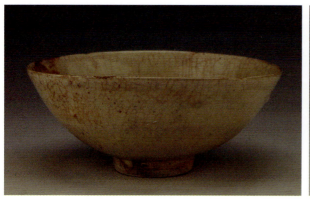

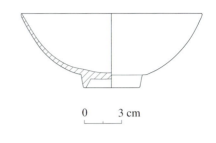

图 3-61 标本 01062-0100377

标本 01070-0100385。敞口，圆唇，深弧腹，圈足。胎体细密坚致，灰白胎。釉面较莹润，釉呈青白色，内施满釉，外施釉至圈足。口径 14.7、底径 5、通高 5.7 厘米。

图 3-62 标本 01070-0100385

标本 01073-0100388。敞口，圆唇，深弧腹，圈足。胎体细密坚致，灰白胎。釉面较莹润，有土沁，釉呈青白色，内施满釉，外施釉至圈足。口径 15.8、底径 5.3、通高 5.9 厘米。

图 3-63　标本 01073-0100388

标本 01072-0100387。直口，圆唇，深弧腹，高圈足。胎体细密坚致，灰白胎。釉面莹润，有土沁，釉呈白中微泛青，内施满釉，外施釉至圈足。口径 15.1、底径 5.1、通高 6.2 厘米。

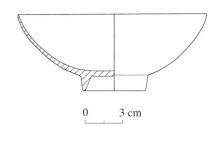

图 3-64　标本 01072-0100387

标本 00307-0100077。敞口，尖圆唇，深弧腹，底弧平，矮圈足。胎体细密坚致，灰白胎，釉呈青白色泛黄，釉面有土锈斑痕，内外满釉，外施釉至圈足。口径 15.8、底径 5.6、通高 6.7 厘米。

图 3-65　标本 00307-0100077

Cb 型：施釉不及底。青白釉泛黄，釉面较干涩。

标本 01071-0100386。敞口，圆唇，深弧腹，圈足。胎体细密坚致，灰白胎。釉面莹润，釉呈青白色，内施满釉，外施釉至下腹。口径 14.7、底径 4.8、通高 5.4 厘米。

图 3-66　标本 01071-0100386

标本 01074-0100389。敞口，圆唇，深弧腹，圈足。胎体细密坚致，灰白胎。釉面较光润，釉呈青白色，内施满釉，外施釉至下腹。口径 15.8、底径 4.9、通高 5.6 厘米。

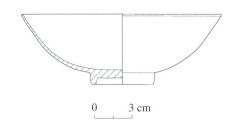

图 3-67　标本 01074-0100389

标本 00308-0100078。敞口，圆唇，深弧腹，矮圈足。胎体细密坚致，灰白胎。青白釉，釉面莹润，内满釉，外施釉至近圈足处。内壁饰缠枝花卉纹。口径 15.2、底径 5.3、通高 6.4 厘米。

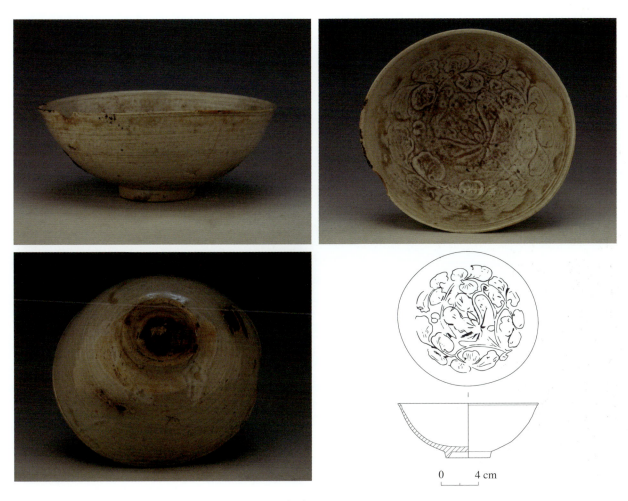

图 3-68　标本 00308-0100078

D 型：大侈口深弧腹碗

大侈口，弧腹，平底，圈足。根据圈足高矮可分为两亚型。

Da 型：高圈足。整体器物稍高，腹较深。胎釉质量较高，内外满釉，多数器物外施釉至圈足，极少量器物外施釉至下腹。

标本 C49。侈口，圆唇，沿微外卷凸，深弧腹，腹壁弧形下收至底，平底，高圈足略外斜。灰白胎。釉呈青白色泛黄，内外满釉，圈足不施釉。口径 11、底径 3.9、通高 4.7 厘米。

图 3-69　标本 C49

标本 C50。侈口，圆唇，沿外卷凸，深腹，腹壁弧形下收至底，鸡心底，高圈足略外斜。灰白胎。青白釉泛黄，内外满釉，圈足外底不施釉。口径 11.2、底径 4、通高 4.9 厘米。

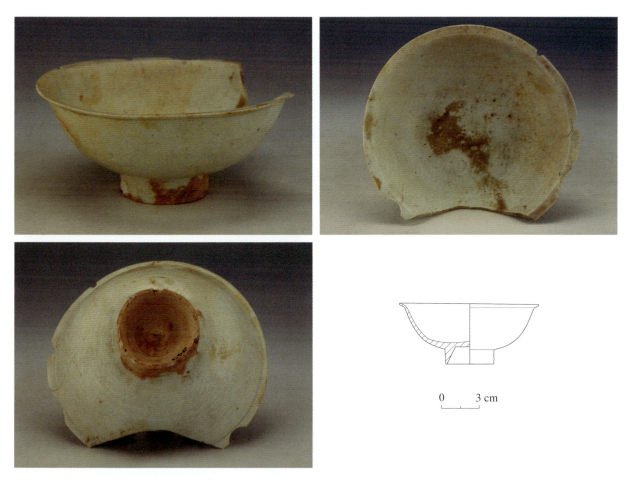

图3-70 标本C50

标本C48。侈口，圆唇，深弧腹，内底弧平，高圈足略外斜。白胎。釉呈青白色，积釉处呈湖绿色，脱釉严重，内外满釉，外底不施釉。口径11.4、底径4.9、通高6.7厘米。

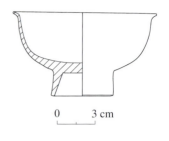

图 3-71　标本 C48

标本 01086-0100401。侈口，沿微卷，深弧腹，内底弧平，高圈足略外斜。灰白胎。釉呈青白色泛黄，釉层局部剥落，釉面有大量土锈斑痕，内外满釉，外底不施釉。口径 11.8、底径 5、通高 5.4 厘米。

图 3-72　标本 01086-0100401

标本 01083-0100398。侈口，沿微卷，深弧腹，内底弧平，高圈足略外斜。灰白胎。釉呈青白色泛黄，釉面有土锈斑痕，内外满釉，外腹壁近底部处及圈足不施釉。口径 12、底径 4.1、通高 5.6 厘米。

图 3-73　标本 01083-0100398

标本 01084-0100399。侈口，沿微卷，深弧腹，内底弧平，高圈足略外斜。灰白胎。釉呈青白色泛黄，内外满釉，外腹壁近底部处及圈足不施釉。口径 11.9、底径 4.2、通高 5 厘米。

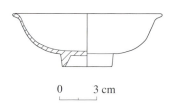

图 3-77　标本 C27

标本 00277-0100047。侈口，圆唇，卷沿，浅腹，腹壁弧形下收，底近平，矮圈足。生烧。砖红色胎。灰白色生烧釉，内外满釉，外施釉至下腹。口径 11.3、底径 3.5、通高 3.5 厘米。

图 3-78　标本 00277-0100047

标本 01093-0100408。侈口，圆唇，沿外卷，弧腹，内底弧平，矮圈足。灰白色胎。釉呈青白色，积釉处呈湖绿色，内外满釉，圈足及外底不施釉。口径 12、底径 4、通高 4.4 厘米。

图 3-79　标本 01093-0100408

标本 01092-0100407。侈口，圆唇，弧腹，腹部略变形，矮圈足。胎体细密坚致，灰白胎。釉面光润，釉呈青绿色，施釉不均，积釉处泛黑，内外满釉，外底不施釉。口径 12.4、底径 3.8、通高 4.8 厘米。

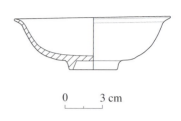

图 3-80　标本 01092-0100407

标本 C13。侈口，圆唇，沿微外卷，弧腹，腹壁弧形下收至底，弧平底，矮圈足。灰白胎。釉呈青白色，内外满釉，外施釉至下腹近圈足。口径 14.2、底径 4.8、通高 5.1 厘米。

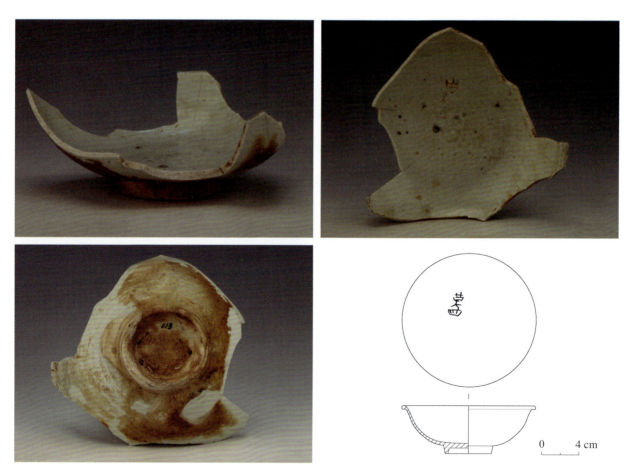

图 3-81　标本 C13

标本 01140-0100455。侈口，圆唇，沿外卷，浅弧腹，内底弧平，矮圈足。灰白胎。釉呈青白色，釉面有土锈斑痕，内外满釉，外施釉至下腹。口径 12.8、底径 4.5、通高 3.7 厘米。

图 3-82　标本 01140-0100455

标本 01167-0100482。侈口，圆唇，沿外卷，浅弧腹，内底弧平，矮圈足。灰白胎。釉呈青白色泛黄，内外满釉，外底不施釉。口径 11、底径 4、通高 3.8 厘米。

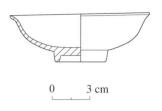

图 3-83 标本 01167-0100482

标本 01090-0100409。侈口,沿外卷,浅弧腹,内底弧平,矮圈足。灰白胎。釉呈青白色,积釉处呈湖绿色,内外满釉,外施釉至下腹。口径 11.5、底径 4.2、通高 4.4 厘米。

图 3-84 标本 01090-0100409

标本 01091-0100406。侈口，圆唇，沿外卷，浅弧腹，内底弧平，矮圈足。灰白胎。釉呈青白色泛黄，积釉处呈湖绿色，釉面有土锈斑痕，内外满釉，外底不施釉。口径 11.5、底径 4、通高4.4 厘米。

图 3-85　标本 01091-0100406

标本 01094-0100409。侈口，圆唇，沿外撇，浅弧腹，矮圈足。胎体细密坚致，灰白胎。釉面光润，釉呈青白色，施釉不均，呈斑驳状。内施满釉，外施釉至下腹。口径 13.9、底径 5、通高 4.5 厘米。

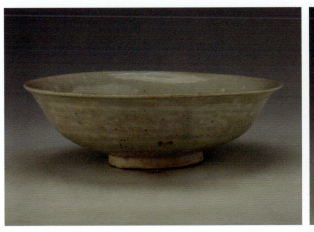

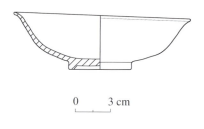

图 3-86　标本 01094-0100409

标本 01088-0100403。侈口，平折沿，浅弧腹，内底弧平，矮高圈足。灰白胎。釉呈青白色，内外满釉，外施釉至下腹。口径 11.2、底径 4.2、通高 4.1 厘米。

图 3-87　标本 01088-0100403

　　标本 01089-0100404。侈口，圆唇，沿外卷，弧腹，内底弧平，矮圈足。灰白胎。釉呈青白色，釉面有土锈斑痕，内外满釉，外底不施釉。口径 11.5、底径 3.8、通高 4.2 厘米。

图 3-88　标本 01089-0100404

　　标本 01141-0100456。侈口，圆唇，沿外卷，浅弧腹，内底弧平，矮圈足。灰白胎。釉呈青白色泛黄，内外满釉，外施釉至下腹。口径 13.7、底径 4.2、通高 4 厘米。

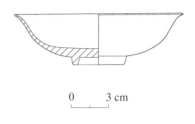

图 3-89　标本 01141-0100456

标本 00305-0100075。侈口，尖唇，折沿，腹壁弧形下收，底近平，矮圈足。灰白胎。釉呈青白色泛黄，釉面莹润，内外满釉，外施釉至下腹。口径 11.6、底径 3.9、通高 4.2 厘米。

图 3-90　标本 00305-0100075

标本 00825-0100244。侈口，圆唇，浅弧腹，矮圈足。胎体细密坚致，灰白胎。釉呈青白色，釉面较干涩，有细小开片和土沁，内施满釉，外施釉至下腹。内底腹间有弦纹一圈。口径 12.4、底径 4.3、通高 3.9 厘米。

图 3-91　标本 00825-0100244

E 型：侈口浅斜弧腹碗

侈口，浅斜弧腹，圈足。器形较大，口径一般在 14～17 厘米。根据施釉不同可分为二亚型。

Ea 型：外腹施釉及底。

口沿外撇，斜腹浅弧，平底，高圈足。内底腹之间弧形过渡。胎釉质量比较好。

标本 01077-0100392。侈口，圆唇，沿外撇，斜腹浅弧，高圈足。胎体细密坚致，灰白胎。釉面光润，釉呈青白色，内施满釉，外施釉至足。底足有垫饼粘连。口径 14.8、底径 4.8、通高 6 厘米。

图3-92　标本01077-0100392

标本00303-0100073。敞口，圆唇，沿外撇，斜腹浅弧，高圈足。胎体细密坚致，灰白胎。釉面有土沁，釉呈青白色，内施满釉，外施釉至足。底足有垫饼粘连。口径13.9、底径4.3、通高5.2厘米。

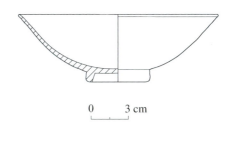

图 3-102　标本 01068-0100383

　　标本 01327-0100547。侈口，圆唇，沿外卷，斜腹浅弧，圈足。胎体细密坚致，灰白胎。釉面较莹润，釉呈青灰色，内施满釉，外施釉至中腹。内底腹间有弦纹一圈。口径 14.2、底径 4.6、通高 5.6 厘米。

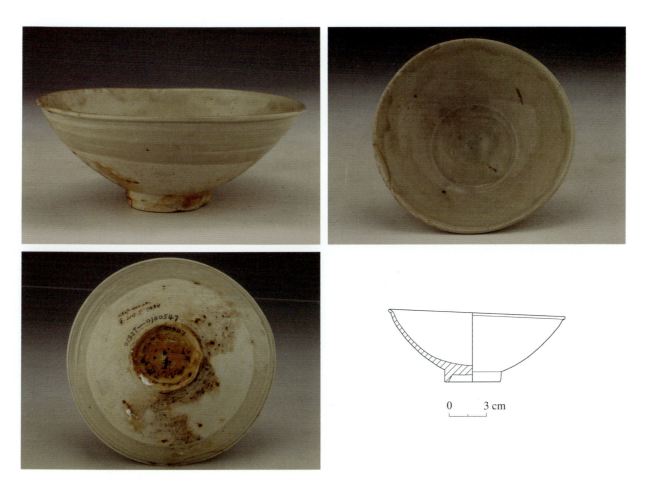

图 3-103　标本 01327-0100547

标本 01326-0100546。侈口，圆唇，沿外卷，斜腹浅弧，圈足。胎体细密坚致，灰白胎。釉面较莹润，施釉不均，釉呈青白色，内施满釉，外施釉至中腹。内底腹间有弦纹一圈。口径 14.3、底径 4.7、通高 5 厘米。

图 3-104　标本 01326-0100546

标本 01065-0100380。侈口，圆唇，沿外卷，斜腹浅弧，圈足。胎体细密坚致，灰白胎。釉面较莹润，碗壁有细小开片和土沁，釉呈青白色，内施满釉，外施釉至下腹。内底腹间有弦纹一圈。口径 14.2、底径 5.3、通高 6.4 厘米。

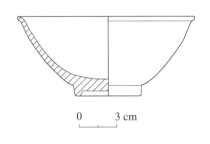

图 3-105　标本 01065-0100380

标本 C30。侈口，较敞，圆唇，沿微外卷，深腹，腹壁弧形下收至底，平底，矮圈足，外足壁竖直，内壁微外斜。白胎，釉呈青色，内外满釉，腹部近底处及圈足不施釉。口径 14.2、底径 5.3、通高 6.2 厘米。

图 3-106　标本 C30

标本 01169-0100384。侈口，圆唇，斜腹浅弧，矮圈足。灰白胎。釉呈青白，釉面有土锈斑痕，内外满釉，外腹施釉至下腹。口径 13.5、底径 4、通高 4.7 厘米。

图 3-107　标本 01169-0100384

标本 C31。侈口，圆唇，沿微卷，斜腹浅弧，平底，矮圈足。灰白胎。釉呈青白色，内外满釉，外腹施釉不及底。外底有垫饼粘连。口径 13.9、底径 4.3、通高 5.7 厘米。

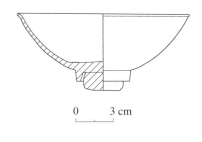

图 3-108　标本 C31

标本 01106-0100421。侈口，圆唇，沿微外撇，深弧腹，圈足。胎体细密坚致，灰白胎。釉面莹润，有土沁，釉呈青白色，内施满釉，外施釉至下腹。内底有一周压印痕。口径 11.6、底径 3.9、通高 4.2 厘米。

图 3-109　标本 01106-0100421

F型：侈花口碗。

侈口中作花口状，斜腹弧收，圈足。根据圈足高矮可分为二亚型。

Fa型：圈足较高。多数器物外腹施釉及底，胎釉质量较高。

标本00312-0100082。侈口，圆唇，沿外撇，瓜棱腹较深，高圈足。碗壁出六道筋。胎体细密坚致，灰白胎。釉面光润，碗壁有开片和土沁，釉呈青白色，内施满釉，外施釉至足。口径15.4、底径4.8、通高6.7厘米。

图3-110　标本00312-0100082

标本C1。葵侈口，尖圆唇，沿微外卷，口沿作六花口，与此对应外壁有压印凹痕，腹内壁出阳筋，斜腹弧收，小平底，高圈足。灰白胎。釉面莹润，釉呈青白色，内外满釉，外施釉至足。外底粘连垫饼一个。口径17.8、底径6.1、通高8.5厘米。

图 3-111 标本 C1

标本 C12。侈口，圆唇，口沿作六花口，与此对应外壁有压印凹痕，腹内壁出阳筋不明显，深腹，腹壁弧形下收至底，内底弧平，高圈足。灰白胎。釉呈青白色泛黄，内外腹壁有明显土斑痕，内外满釉，外施釉至足。口径 12、底径 4.3、通高 6 厘米。

图 3-112　标本 C12

标本 C53。侈口，圆唇，卷沿外撇，深弧腹，内底弧平，高圈足。灰白胎。釉呈青白色，内外满釉，外施釉至足。口径 11.3、底径 3.8、通高 5 厘米。

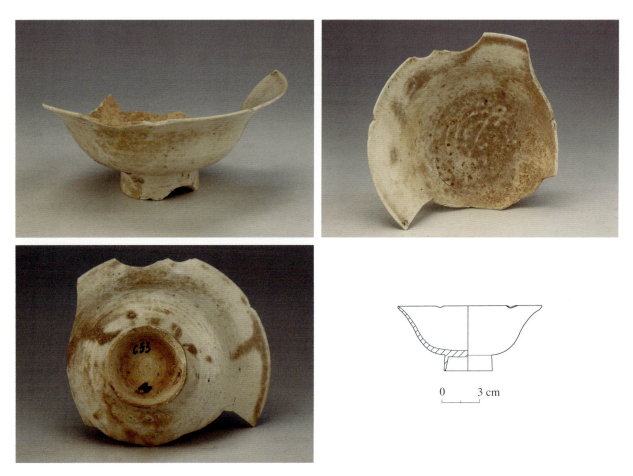

图 3-113　标本 C53

标本 C52。侈口，沿外卷，深腹，腹壁弧形下收至底，内底弧平，高圈足。生烧。灰白胎，釉呈米黄色，内外满釉，外施釉至足。底径 4.2、残高 5.2 厘米。

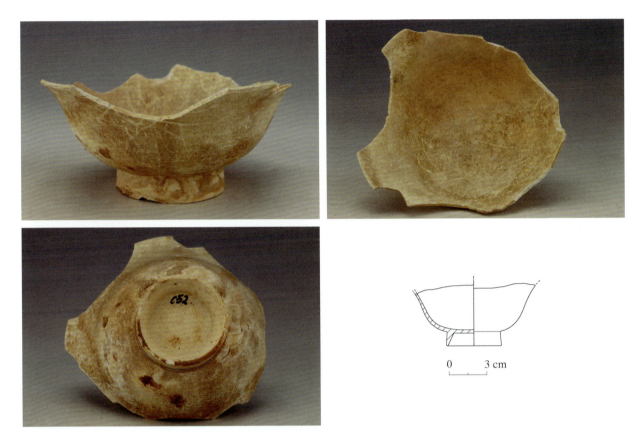

图 3-114　标本 C52

标本 C34。腹上部残，腹壁弧形下收至底，底弧平，高圈足。灰白胎。釉面莹润，釉呈青白色，内外满釉，外施釉至足。底径 4.9、残高 3.8 厘米。

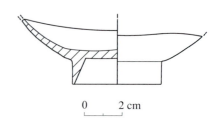

图 3-115 标本 C34

标本 C39。腹上部残，腹壁弧形下收至底，底平，高圈足浅挖。白胎。青白釉泛米黄色，釉面有土锈斑痕，内外满釉，外施釉至足。底径 4.5、残高 4 厘米。

图 3-116 标本 C39

Fb 型：圈足较矮。多数器物外腹施釉不及底，胎釉质量略差。

标本 00311-0100081。侈口作花口形，圆唇，沿外撇，深弧腹，圈足。碗壁出六道筋。胎体细密坚致，灰白胎。釉面光润，釉面有开片和土沁，釉呈青白色，内施满釉，外施釉至下腹。口径 16、底径 5.5、通高 6.5 厘米。

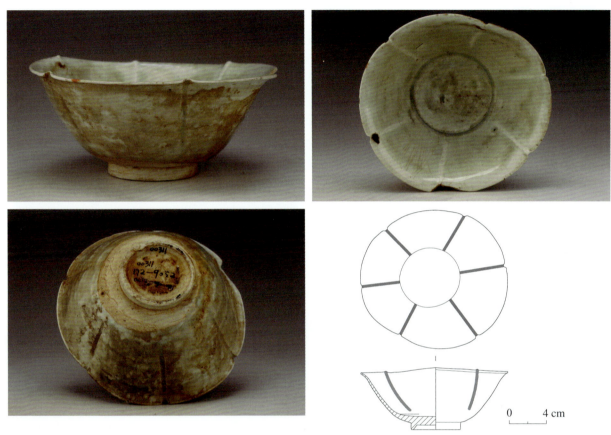

图 3-117　标本 00311-0100081

标本 C26。花口，较侈，尖唇，卷沿外撇，口沿作五花口，深弧腹，腹壁弧形下收至底，内底近平，矮圈足。灰白胎。釉呈青白色，釉面有土锈斑痕，内外满釉，外底不施釉。口径 12、底径 3.8、通高 4 厘米。

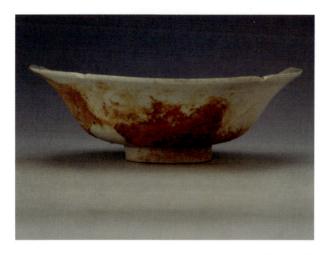

图 3-118　标本 C26

标本 00314-0100084。花口，较侈，尖唇，卷沿外撇，口沿作六花口，与此对应外壁有压印凹痕，腹内壁出阳筋不明显，深腹，腹壁弧形下收至底，内底弧平，矮圈足。灰白胎。釉呈青白色泛黄，内外满釉，外底不施釉。口径 12.4、底径 4.3、通高 4.5 厘米。

图 3-119　标本 00314-0100084

标本 00315-0100085。花口，较侈，尖唇，卷沿外撇，口作五花口，与此对应外壁有压印凹痕，腹内壁出阳筋不明显，深腹，腹壁弧形下收至底，内底近平，矮圈足。灰白胎，釉呈青白色略泛黄，内外满釉，外施釉至下腹。口径 13.2、底径 4.3、通高 4.2 厘米。

图 3-120　标本 00315-0100085

标本 C25。花口，较侈，尖唇，卷沿外撇，口沿作五花口，深腹，腹壁弧形下收至底，内底近平，矮圈足。灰白胎，釉呈青白色，釉面有土锈斑痕，内外满釉，外底不施釉。口径 12.1、底径 3.9、通高 3.6 厘米。

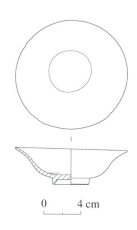

图3-121 标本C25

标本00317-0100087。微侈口作葵花口状，圆唇，沿微外撇，浅斜腹弧，圈足。胎体细密坚致，灰白胎。釉面光润，有开片，釉呈青白色，内施满釉，外施釉至下腹近足处。内壁饰模印纹。口径16.3、底径4.4、通高4.2厘米。

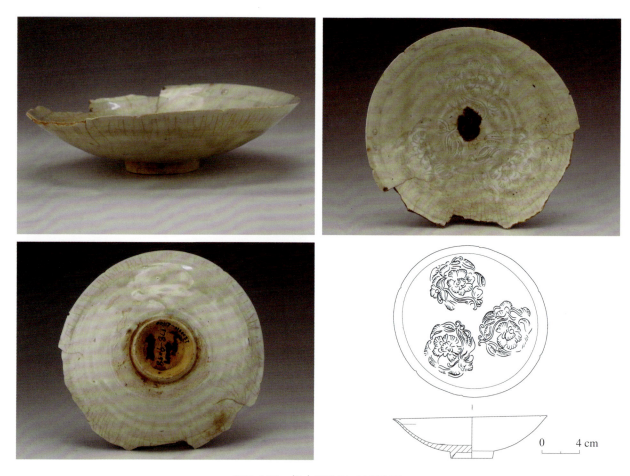

图3-122 标本00317-0100087

G 型：盘口碗。

盘口，深弧腹，平底，圈足。花口，腹作瓜棱形。按圈足高矮可分成两亚型。

Ga 型：高圈足盘口碗。腹较深，外腹施釉及底，胎釉质量较好。

标本 00309-0100079。微侈，圆唇，六花口，与此对应外壁有压印凹痕，口沿内沿面六道阳筋明显，腹内壁阳筋不明显，深腹，腹壁弧形下收至底，内底弧平，高圈足。灰白胎。釉呈青白色，釉面莹润伴有细片纹，积釉处呈湖绿色，内外满釉，外底不施釉。口径 10.7、底径 4.2、通高 5.8 厘米。

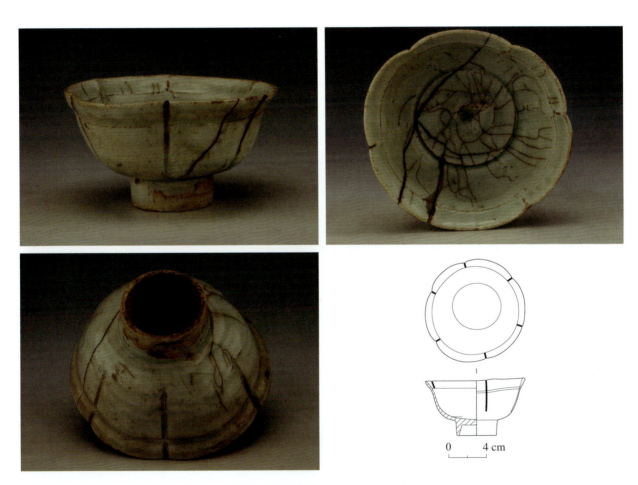

图 3-123　标本 00309-0100079

Gb 型：矮圈足盘口碗。腹较浅，外腹施釉不及底，胎釉质量较差。

标本 01075-0100390。侈口，宽唇沿外撇，沿外卷，腹部较深，圈足。胎体细密坚致，黄白胎。釉面较光润，釉呈青白色，内施满釉，外施釉至下腹。口径 18.3、底径 6、通高 7.4 厘米。

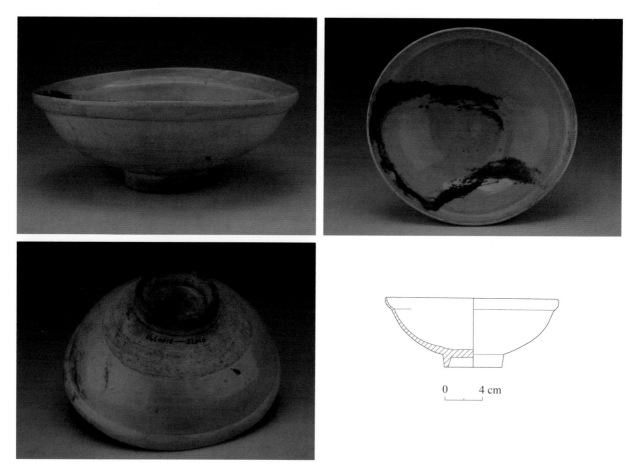

图 3-124　标本 01075-0100390

二、杯

按口部不同分为两型：圆口杯与花口杯。

A 型：圆口杯

深弧腹，内底弧平，高圈足外斜。根据口沿特征可分为三亚型。

Aa 型：敞口。

标本 01172-0100487。敞口，圆唇，深腹，腹壁弧形下收至底，腹底近平，高圈足外斜。内外腹壁有明显土沁，残留明显烧造痕迹。胎体薄而致密，胎色洁白。釉面莹润，青白色釉，内外满釉，器身积釉处明显，皆泛湖绿色，圈足与外底不施釉。口径 7.6、底径 3.5、通高 4.7 厘米。

图3-125　标本01172-0100487

　　标本01316-0100541。敞口，尖圆唇，深腹，腹壁弧形下收至底，底弧平，高圈足外斜。灰白胎。青白釉略泛米黄色，釉面莹润伴有细片纹，内外满釉，外底不施釉。口径7、底径3.9、通高5.1厘米。

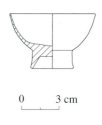

图3-126 标本01316-0100541

Ab型：直口。

标本01173-0100488。直口，圆唇，深腹，腹壁弧形下收至底，腹底近平，高圈足外斜。内外腹壁有明显土沁，口沿处残留烧造痕迹。胎体薄而致密，胎色洁白。青白色釉，釉面莹润伴有细片纹，内外满釉，器身积釉处明显，皆泛青蓝色，圈足与外底不施釉。口径7.6、底径3.8、通高4.5厘米。

图3-127 标本01173-0100488

Ac 型：微敛口。

标本 00340-0100110。微敛口，尖圆唇，深腹，腹壁弧形下收至底，下有高圈足外斜。白胎。青白色釉，釉面莹润，内外满釉，外底不施釉。口径 6.7、底径 3.5、通高 5.3 厘米。

图 3-128　标本 00340-0100110

标本 C57。微敛口，尖圆唇，深腹，腹壁弧形下收至底，下有高圈足，圈足略外斜。白胎。青白釉泛米黄色，釉面莹润，内外满釉，外施釉至下腹。口径 6.7、底径 3.3、通高 4.3 厘米。

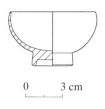

图 3-129　标本 C57

B 型：花口杯

标本 01346-0100557。花口，微侈，圆唇，卷沿，口沿作六花口，与此对应外壁有压印凹痕，内壁有六道阳筋，深腹，腹壁弧形下收至底，内底弧平，高圈足外斜。灰白胎。青白釉泛米黄色，釉面莹润伴有细片纹，内外满釉，外底不施釉。口径 7.9、底径 3.2、通高 5.4 厘米。

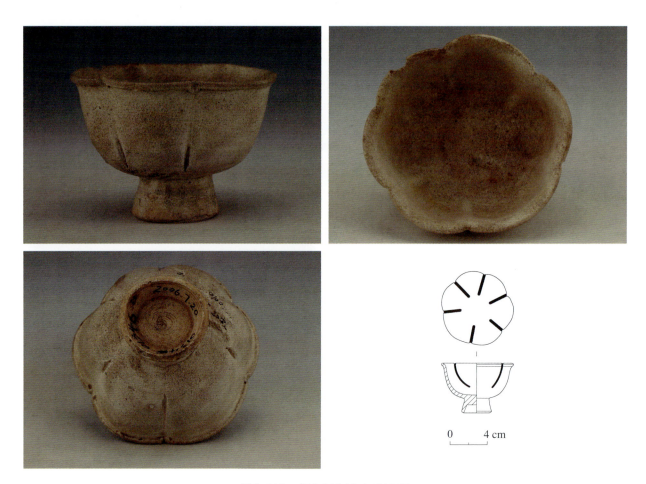

图 3-130　标本 01346-0100557

三、钵

直口，圆唇，深直腹，下腹急收，内底弧平，矮圈足。

标本 01108-0100423。直口，圆唇，深腹，腹壁上部稍直，下腹壁弧形下收至底，平底下有矮圈足。白胎。青白釉泛黄色，有土锈斑痕，釉面莹润，内外满釉，外腹施釉至下腹。口径 12.5、底径 4.8、通高 7.5 厘米。

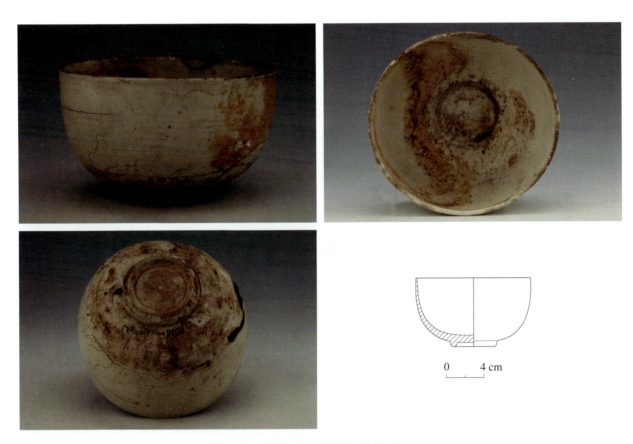

图 3-131 标本 01108-0100423

四、盏

整器较小，根据口沿不同可分为三亚型。

器物相对较小，口径多在 8～11、底径 3～4、通高 4～5 厘米。

A 型：敞口盏。

敞口，斜弧腹或深弧腹，圈足。

标本 00270-0100040-1。敞口，圆唇，斜弧腹，圈足，足端斜削。生烧。胎质细腻，灰白胎。釉面失光，土沁严重，内施满釉，外施釉至下腹。内壁饰模印纹。口径 10.3、底径 3.6、通高 4.5 厘米。

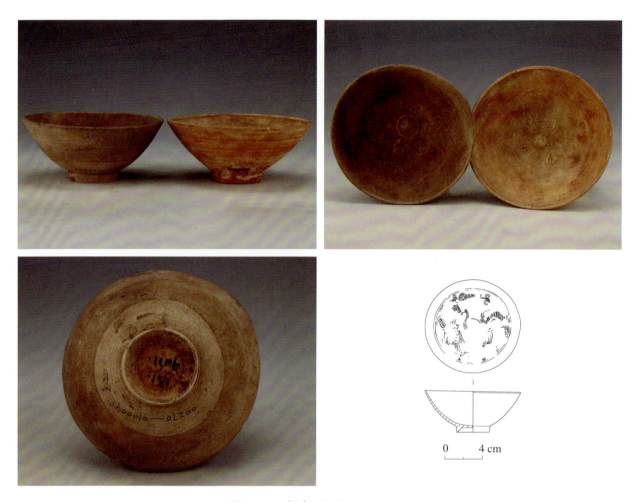

图3-132　标本00270-0100040-1

　　标本00264-0100034。敞口，圆唇，斜弧腹，圈足，足端斜削。口沿下饰一周折棱。生烧。胎质细腻，土黄色胎。釉面失光，内施满釉，外施釉至下腹。内壁饰模印纹，最外层由一周卷云纹组成，内饰一周牡丹纹，中心饰缠枝纹。口径10.7、底径3.9、通高4.4厘米。

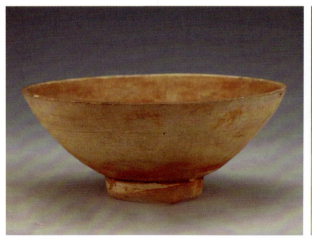

图 3-133　标本 00264-0100034

　　标本 01362-0100572。敞口，圆唇，腹壁斜直略弧，圈足。生烧。土黄色胎。釉面干涩、失光，有开片和土沁，内施满釉，外施釉至下腹。内壁饰模印纹。口径 11.2、底径 3.8、通高 4.6 厘米。

图 3-134　标本 01362-0100572

标本00270-0100040-2。敞口，圆唇，深弧腹，圈足，足端斜削。生烧。胎质细腻，土黄色胎。釉面失光，土沁严重，内施满釉，外施釉至下腹。内壁饰模印纹。口径10.5、底径3.6、通高4.4厘米。

图3-135　标本00270-0100040-2

标本00266-0100036。敞口，圆唇，口部失圆，深弧腹，圈足，足端斜削。生烧。胎质细腻，砖红色胎。釉面失光，内施满釉，外施釉至下腹。内壁模印凤鸟纹。口径10.2、底径3.4、通高4.6厘米。

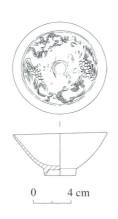

图 3-136　标本 00266-0100036

标本 01102-0100417。敞口，圆唇，腹壁斜直微弧，圈足。生烧。胎体细密坚致，灰白胎。釉面失光，土沁严重，内施满釉，外施釉至下腹。口径 11.2、底径 3.7、通高 4.3 厘米。

图 3-137　标本 01102-0100417

B 型：侈口盏。

侈口，斜弧腹或深弧腹，矮圈足。

标本 00260-0100030。侈口，圆唇，沿微外撇，深弧腹，圈足。生烧。胎质细腻，土黄色胎。釉面失光，内施满釉，外施釉至下腹。口径 9.2、底径 3.3、通高 3.9 厘米。

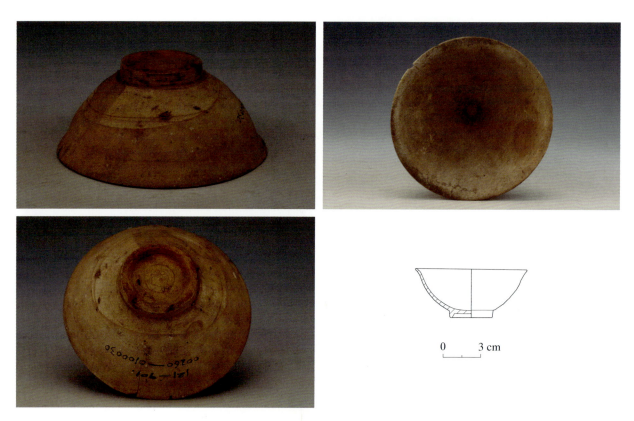

图 3-138 标本 00260-0100030

标本 00306-0100076。侈口，圆唇，沿外卷，弧腹，内底弧平，矮圈足，足壁外撇。白胎，青白釉泛黄，积釉处呈湖绿色，内外满釉，外施釉至下腹。内底腹间有弦纹一圈。口径 8.3、底径 3.2、通高 4.1 厘米。

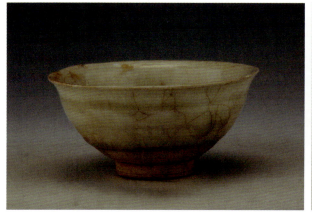

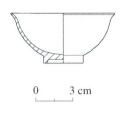

图 3-139　标本 00306-0100076

　　标本 01170-0100485。侈口，圆唇，沿微外撇，弧腹，圈足。胎体细密坚致，灰白胎。釉面光润，玻璃质感较强，青绿色釉，内施满釉，外施釉至下腹。内底腹间有弦纹一圈。口径 9.5、底径 3.4、通高 3.5 厘米。

图 3-140　标本 01170-0100485

标本 00261-0100031。侈口，圆唇，沿微外撇，深弧腹，高圈足。生烧。胎质细腻，土黄色胎。釉面失光，内施满釉，外施釉至下腹。内壁饰模印纹。口径 10.3、底径 3.5、通高 5 厘米。

图 3-141　标本 00261-0100031

标本 C16。敞口，圆唇，腹壁弧形下收，内底弧平，矮圈足，足端斜削。灰白胎。青白釉泛黄，积釉处呈湖绿色，内外满釉，外施釉至下腹。口径 8.6、底径 3.1、通高 4.3 厘米。

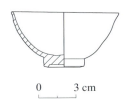

图 3-142 标本 C16

标本 C15。敞口，圆唇，腹壁弧形下收，内底弧平，矮圈足，圈足浅挖，足端斜削。灰白胎。青白釉泛黄，积釉处呈湖绿色，内外满釉，外施釉至下腹。口径 8.6、底径 3.5、通高 4.4 厘米。

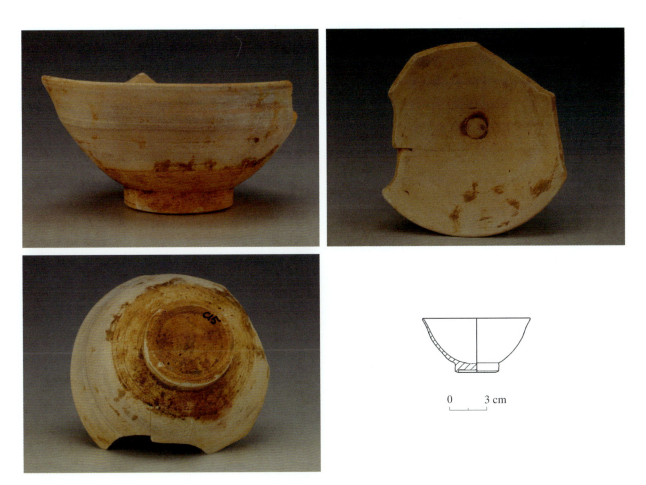

图 3-143 标本 C15

标本 C14。侈口，圆唇，沿外卷，弧腹，内底弧平，矮圈足，圈足浅挖，足壁外撇，足端斜削。白胎，青釉，积釉处呈湖绿色，内外满釉，外施釉至下腹。口径8.4、底径3.4、通高3.5厘米。

图3-144 标本C14

C型：束口盏

束口，口沿略外撇，腹壁斜直浅弧，内底略平，圈足或假圈足。

标本 00263-0100033。束口，圆唇，沿微外撇，腹壁斜直浅弧，假圈足，足端斜削。生烧。胎质细腻，红褐色胎。釉面失光，土沁严重，内施满釉，外施釉至下腹。口径10.8、底径3.6、通高3.8厘米。

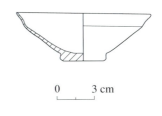

图3-145　标本00263-0100033

标本00262-0100032。束口，圆唇，沿微外撇，腹壁斜直浅弧，上腹壁有一周折棱，假圈足，足心内凹。生烧。胎质细腻，红褐色胎。釉面失光，土沁严重，内施满釉，外施釉至下腹。底足粘砂。口径10.7、底径3.2、通高4.3厘米。

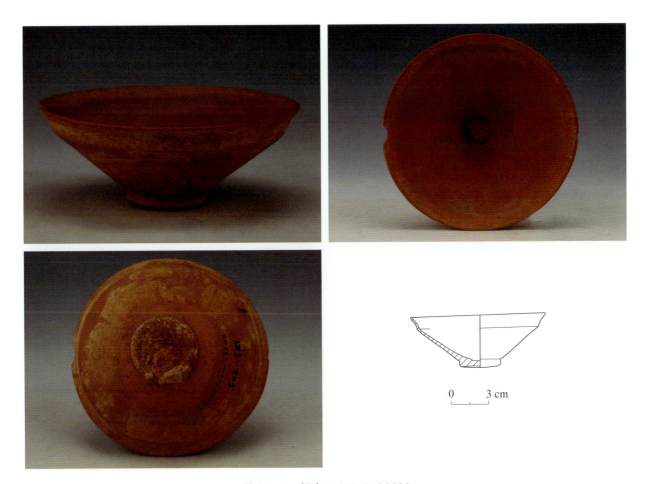

图3-146　标本00262-0100032

五、盘

根据圈足有无分可分为二亚型。

A 型：圈足盘。

根据口沿与腹部不同可分成三个亚型。

Aa 型：侈口，浅弧腹，矮圈足。

标本 C55。侈口，圆唇，沿面弧形外卷，浅腹，腹壁弧形下收至底，平底，矮圈足。生烧。土黄色胎。灰白色生烧釉，内外满釉，外底不施釉。口径 12.5、底径 3.7、通高 3 厘米。

图 3-147　标本 C55

标本 C28。侈口，圆唇，卷沿，浅腹，上腹壁略弧收，腹中部有折，下腹外壁与外底间有夹角，下腹内壁与底共同组成内底，大平底微凹，矮圈足，足端斜削。灰白胎。青釉，积釉处呈湖绿色，内外满釉，外底不施釉。口径 9.2、底径 3.6、通高 2.5 厘米。

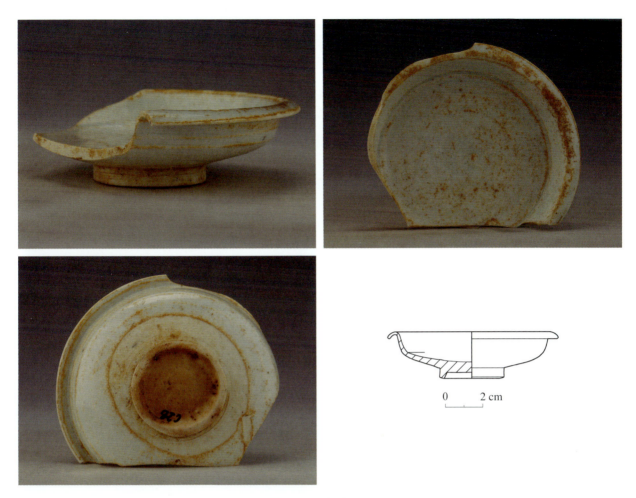

图 3-148 标本 C28

标本 00321-0100091。侈口，圆唇，沿微外卷，浅腹，弧壁下收至底，内底近平，矮圈足。灰白胎。青白釉，釉面有土锈斑痕，内外满釉，外底不施釉。口径 16.3、底径 5.2、通高 4.4 厘米。

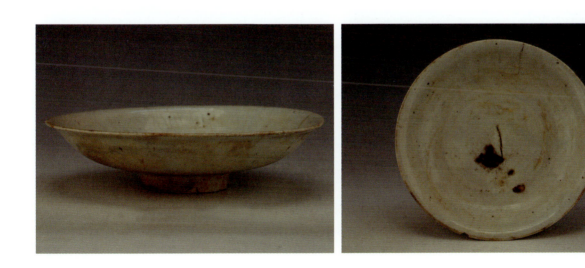

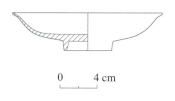

图 3-149　标本 00321-0100091

标本 00322-0100092。侈口，圆唇，沿微外卷，浅腹，弧壁下收至底，内底微凹，矮圈足。灰白胎。青白釉，内外满釉，外底不施釉。口径 13、底径 3.8、通高 3 厘米。

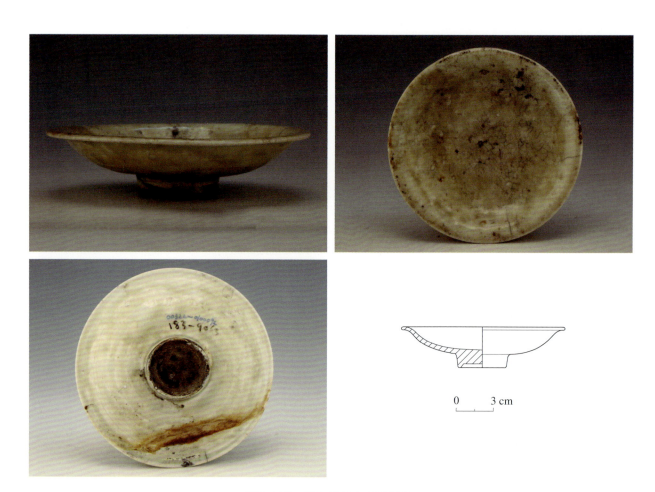

图 3-150　标本 00322-0100092

标本 C54。侈口，尖唇，微卷沿，浅腹，腹壁弧形下收至底，平底，矮圈足。灰白胎，青釉，内外满釉，外底不施釉。内壁饰以折线为底纹的缠枝菊花纹。口径 12.4、底径 3.9、通高 3 厘米。

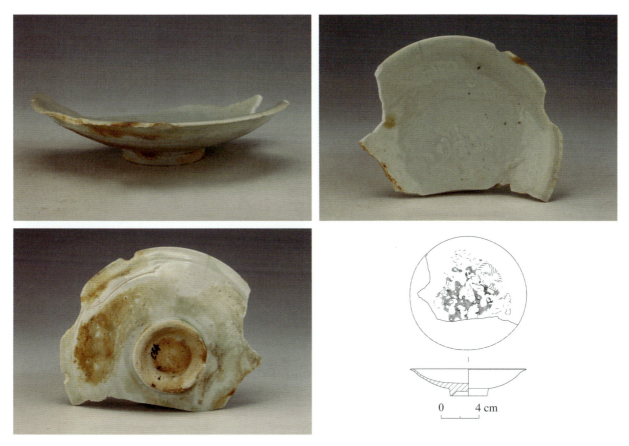

图 3-151　标本 C54

Ab 型：敞口，浅弧腹，矮圈足。

标本 00288-0100058。敞口，圆唇，浅弧腹，矮圈足，圈足外壁较直，内壁外斜，断面近似于直角梯形。生烧。灰白胎。土灰白色生烧釉，内外满釉，外腹施釉不及底。内底饰缠枝花卉纹。口径 16、底径 5、通高 3.7 厘米。

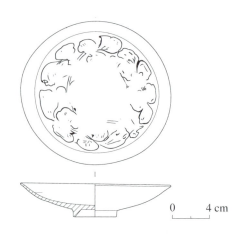

图 3-152　标本 00288-0100058

标本 00318-0100088。敞口，口沿作五花口，不出筋，圆唇，浅弧腹，矮圈足，足外壁微下收，足内壁下张。灰白胎。青白釉，积釉处呈湖绿色，釉面有土锈斑痕，内外满釉，外底不施釉。内底饰缠枝花卉纹。口径 16、底径 4.3、通高 3.8 厘米。

图 3-153　标本 00318-0100088

标本 00319-0100089。敞口，圆唇，浅腹，腹壁斜弧下收至底，矮圈足，足外壁微下收，足内壁下张。灰白胎。青白釉，釉面有土锈斑痕，内外满釉，外底不施釉。内底饰缠枝芙蓉纹。口径15.8、底径 4.6、通高 3.7 厘米。

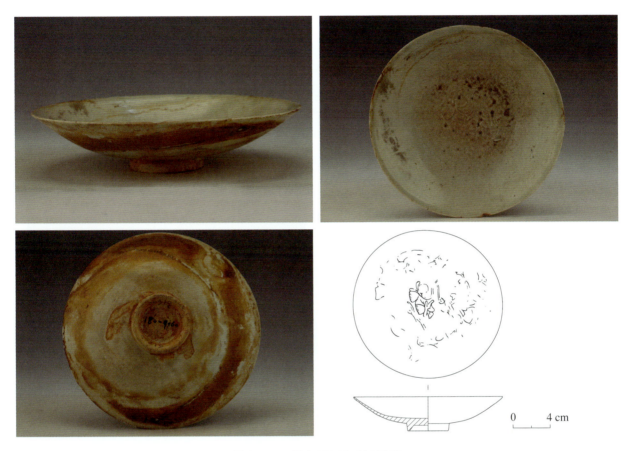

图 3-154　标本 00319-0100089

标本 00320-0100090。敞口，圆唇，浅腹，腹壁斜弧下收至底，矮圈足，足外壁较直，内壁外斜。灰白胎。青白泛黄釉，积釉处呈湖绿色，内外满釉，外底不施釉。内底饰缠枝花卉纹。口径15.1、底径 4.1、通高 3.5 厘米。

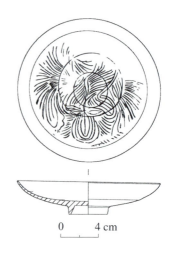

图 3-155 标本 00320-0100090

标本 01148-0100463。敞口，圆唇，浅腹，腹壁斜弧下收至底，矮圈足，足外壁微下收，足内壁下张。灰白胎，青白泛黄釉，釉面有土锈斑痕，内外满釉，外腹施釉不及底。内底饰缠枝花卉纹。口径 16.5、底径 4.4、通高 3.9 厘米。

图 3-156 标本 01148-0100463

标本 01149-0100464。敞口，圆唇，浅腹，腹壁斜弧下收至底，矮圈足，足外壁微下收，足内壁下张。灰白胎。青白釉，釉面有土锈斑痕，内外满釉，外底不施釉。内底饰缠枝花卉纹。口径17.5、底径 5.1、通高 4.5 厘米。

图 3-157　标本 01149-0100464

标本 C43。仅存底部，底近平，矮圈足，足壁外壁略下收，内壁下张。灰白胎。釉面莹润，青白釉，内外满釉，外施釉至下腹。内壁饰以折线为底纹的缠枝菊花纹。底径 4.5、残高 2 厘米。

图 3-158　标本 C43

标本 C56。口部已残，腹壁弧形下收，矮圈足。足壁外壁略下收，内壁下张。灰白胎。釉面莹润，青白釉略泛黄色，釉面有土锈斑痕，内外满釉，外底不施釉。内壁饰缠枝花卉纹。底径 5.3、残高 2.3 厘米。

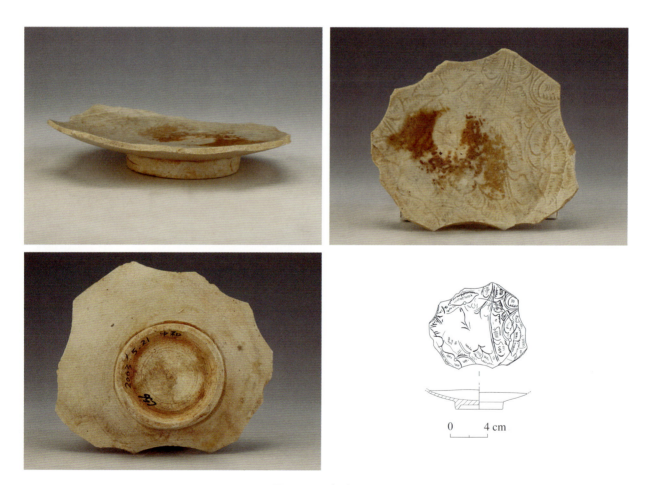

图 3-159　标本 C56

Ac 型：敞口折腹盘。

上腹壁外撇，中部折腹，矮圈足。

标本 01080-0100395。敞口，圆唇，浅腹，上腹壁外撇，腹中部有折，下腹壁斜直急收至底，下腹外壁与外底近平，下腹内壁与底共同组成内底，内底近平微凹，矮圈足，足外壁较直，内壁外斜，断面近似于直角梯形。灰白胎。青白釉，积釉处呈湖绿色，内外满釉，外施釉至下腹。口径13.8、底径4.2、通高3.6厘米。

图3-160 标本 01080-0100395

标本 01081-000396。敞口，圆唇，浅腹，上腹壁外撇，腹中部有折，下腹壁斜直急收至底，下腹外壁与外底在一条线上，下腹内壁与底共同组成内底，内底较凹，矮圈足，足外壁微下收，内壁下张。灰白胎。青白釉，积釉处呈湖绿色，釉面有土锈斑痕，内外满釉，外底不施釉。口径14.1、底径4.5、通高3.9厘米。

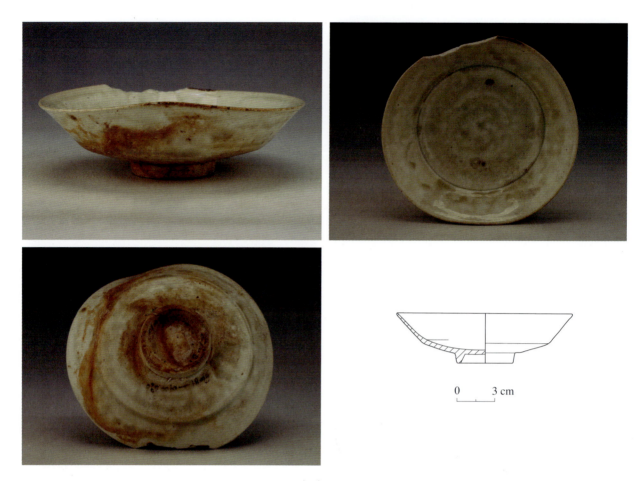

图3-161 标本01081-000396

标本01082-0100397。敞口，圆唇，浅腹，上腹壁外撇，腹中部有折，下腹壁斜直急收至底，下腹外壁与外底间有夹角，下腹内壁与底共同组成内底，内底凹，矮圈足，足壁竖直，圈足上粘连有垫饼。灰白胎。青白釉，釉面有土锈斑痕，内外满釉，外底不施釉。口径14.2、底径4.5、通高4厘米。

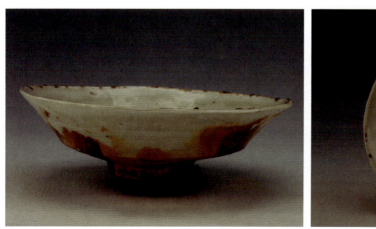

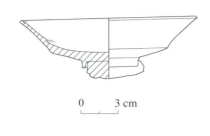

图 3-162 标本 01082-0100397

　　标本 01111-0100426。敞口，圆唇，浅腹，上腹壁外撇，腹中部有折，下腹壁斜直急收至底，下腹外壁与外底近平，下腹内壁与底共同组成内底，内底近平，矮圈足，足外壁微下收，内壁下张。灰白胎。青白色釉，釉面有土锈斑痕，内外满釉，外施釉至下腹。口径 13.8、底径 4.2、通高 3.3 厘米。

图 3-163 标本 01111-0100426

标本 01112-0100427。敞口，圆唇，浅腹，上腹壁外撇，腹中部有折，下腹壁斜直急收至底，下腹外壁与外底间有夹角，下腹内壁与底共同组成内底，内底微凹，矮圈足，足外壁微下收，内壁下张。灰白胎。青白釉，釉面有土锈斑痕，内外满釉，外施釉至下腹。口径 13.5、底径 4.1、通高 3.8 厘米。

图 3-164　标本 01112-0100427

标本 01079-0100394。敞口，圆唇，浅腹，上腹壁外撇，腹中部有折，下腹壁斜直急收至底，下腹外壁与外底间有夹角，下腹内壁与底共同组成内底，内底凹，矮圈足，足壁微下张。灰白胎。青白釉，釉面有土锈斑痕，内外满釉，外施釉至下腹。口径 13.3、底径 4.2、通高 3.7 厘米。

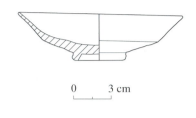

图3-165 标本01079-0100394

标本00280-0100050。敞口，圆唇，浅腹，上腹壁外撇，腹中部有折，下腹壁斜直急收至底，下腹外壁与外底间有夹角，下腹内壁与底共同组成内底，内底凹，矮圈足，足壁微下张。生烧。土黄色胎。灰白色生烧釉，内外满釉，外施釉至下腹。口径13、底径3.7、通高3.5厘米。

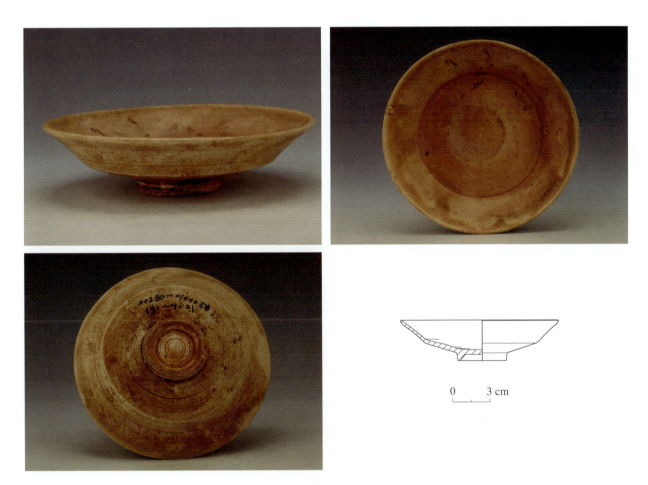

图3-166 标本00280-0100050

标本 00282-0100052。敞口，圆唇，浅腹，上腹壁弧形下收，腹中部有折，下腹壁近底急收，腹底近平，矮圈足。圈足处残留明显烧造痕迹，且内外腹壁有明显土沁，胎体薄而致密。生烧，米黄胎。通体生烧黄色釉，外施釉至下腹。口径 14.4、底径 4.3、通高 4.4 厘米。

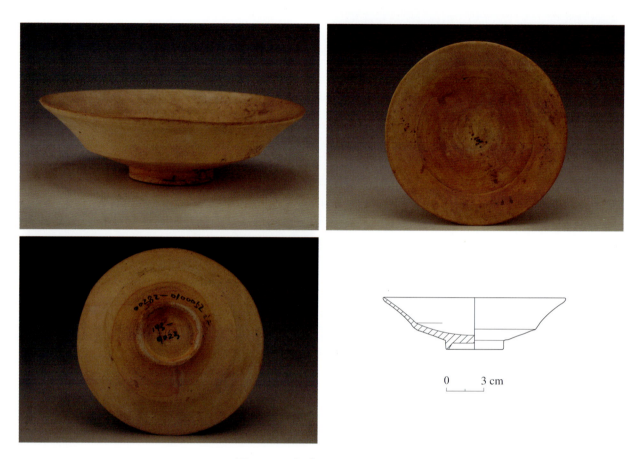

图 3-167　标本 00282-0100052

标本 01113-0100428。敞口，尖唇，浅腹，上腹壁弧形下收，腹中部有折，下腹壁近底急收，腹底近平，矮圈足。内腹底、外腹壁残留明显烧造痕迹，且内外腹壁有明显土沁，胎体薄而致密，胎色洁白。釉面莹润，青白釉，积釉处泛湖绿色，内外满釉，外底不施釉。口径 14、底径 4.3、通高 4.2 厘米。

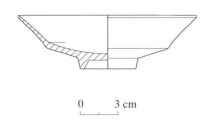

图3-168　标本01113-0100428

B 型：无圈足盘。

平底内略凹或凹底，浅折腹，器物下腹斜收至底，外腹与外底之间有折棱，内腹与底共同组成内底，内底近平，外底内凹。根据口沿、盘腹不同可分为三亚型。

Ba 型：敞口，浅折腹，上腹壁外撇，腹中部有折。

标本 C46。敞口，圆唇，浅腹，上腹壁外撇，腹中部有折，下腹壁斜直急收至底，下腹外壁与外底间有夹角，下腹内壁与底共同组成内底，内底微凹，外底内凹。灰白胎。青白釉泛黄，釉面有土锈斑痕，釉面莹润伴有细片纹，内外满釉，外底不施釉。口径 11、底径 3.6、通高 2.8 厘米。

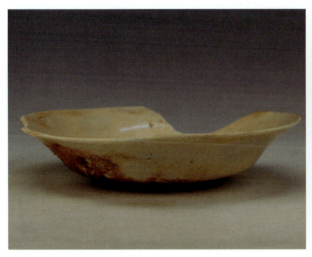

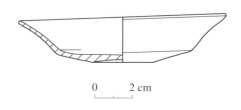

图 3-169 标本 C46

标本 C47。敞口，圆唇，浅腹，上腹壁外撇，腹中部有折，下腹壁斜直急收至底，下腹外壁与外底间有夹角，下腹内壁与底共同组成内底，内底近平，外底内凹。灰白胎。青白釉，釉面莹润伴有细片纹，积釉处呈湖绿色，内外满釉，外底不施釉。口径 9.6、底径 2.9、通高 2.2 厘米。

图 3-170 标本 C47

标本 00329-0100099。敞口，圆唇，浅腹，上腹壁外撇，腹中部有折，下腹壁斜直急收至底，下腹外壁与外底间有夹角，下腹内壁与底共同组成内底，内底微弧，外底微凹。灰白胎。青白釉，内外壁满釉，外底不施釉。口径 12、底径 4.2、通高 2.5 厘米。

图 3-171　标本 00329-0100099

标本 01130-0100445。敞口，圆唇，浅腹，上腹微弧壁外撇，腹中部有折，下腹壁斜直急收至底，下腹外壁与外底间有夹角，下腹内壁与底共同组成内底，外底微凹。灰白胎。青白釉，内外满釉，外底不施釉。口径 11.5、底径 4、通高 2.7 厘米。

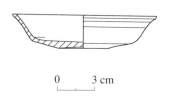

图 3-172　标本 01130-0100445

标本 01367-0100099。敞口，圆唇，浅腹，上腹壁外撇，腹中部有折，下腹壁斜直急收至底，下腹外壁与外底间有夹角，下腹内壁与底共同组成内底，内底微弧，外底内凹。生烧。土黄色胎。青白釉泛米黄色，内外壁满釉，外底不施釉。口径 11.8、底径 4.2、通高 2.6 厘米。

图 3-173　标本 01367-0100099

标本 00330-0100100。敞口，圆唇，浅腹，上腹壁外撇，腹中部有折，下腹壁斜直急收至底，下腹外壁与外底间有夹角，下腹内壁与底共同组成内底，内底微弧，中间有一凹面，外底弧凹。灰白胎，青釉，内外壁满釉，外施釉至下腹。口径 9.5、底径 3.2、通高 2 厘米。

图 3-174　标本 00330-0100100

标本 01110-0100425。敞口，圆唇，浅腹，上腹壁外撇，腹中部有折，下腹壁斜直急收至底，下腹外壁与外底间有夹角，下腹内壁与底共同组成内底，内底较凹，外底微凹。灰白胎。青白釉，釉面有土锈斑痕，内外满釉，外底不施釉。口径 13.6、底径 4.4、通高 3.1 厘米。

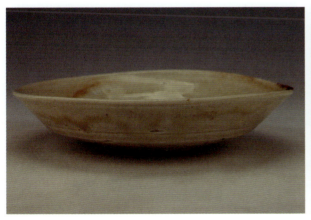

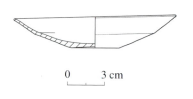

图 3-178　标本 00286-0100056

Bb 型　敞口，上腹略内弧，腹中部有折。

标本 01123-0100438。敞口，圆唇，浅折腹，上腹壁略内弧，腹中部有折，下腹壁斜直急收至底，下腹外壁与外底间有夹角，下腹内壁与底共同组成内底，内底弧凹，外底微凹。腹壁中部有轮制痕迹。生烧，土黄色胎。土黄色生烧釉，内外满釉，外底不施釉。口径 9.7、底径 4.1、通高 2.3 厘米。

图 3-179　标本 01123-0100438

标本 00283-0100053-1。敞口，圆唇，浅折腹，上腹壁略内弧，腹中部有折，下腹壁斜直急收至底，下腹外壁与外底间有夹角，下腹内壁与底共同组成内底，内底浅弧，外底微凹。生烧。灰白胎。土黄色生烧釉，内外满釉，外底不施釉。口径 12.4、底径 4.3、通高 2.4 厘米。

0   3 cm

图 3-180 标本 00283-0100053-1

标本 C38。敞口，圆唇，浅弧腹，上腹壁略内弧，外底平。腹壁中部有轮制痕迹。灰白胎。釉层脱落，外底不施釉。口径 12.1、底径 5.2、通高 3.2 厘米。

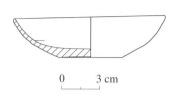

图3-181　标本C38

标本01109-0100424。敞口，圆唇，浅弧腹，上腹壁略弧，腹中部有折，下腹壁斜直急收至底，下腹外壁与外底间有夹角，下腹内壁与底共同组成内底，内底较凹，外底微凹。生烧。灰白胎。土黄色生烧釉，内外满釉，外底不施釉。口径13、底径3.7、通高3.3厘米。

图3-182　标本01109-0100424

标本 01361-0100054。敞口，圆唇，浅弧腹，上腹壁略外撇，腹中部圆折，下腹壁斜直下收至底，下腹外壁与外底间有夹角，下腹内壁与底共同组成内底，内底凹，外底微凹。生烧。灰白胎。土黄色生烧釉，内外满釉，外施釉至下腹。口径 13、底径 4、通高 2.7 厘米。

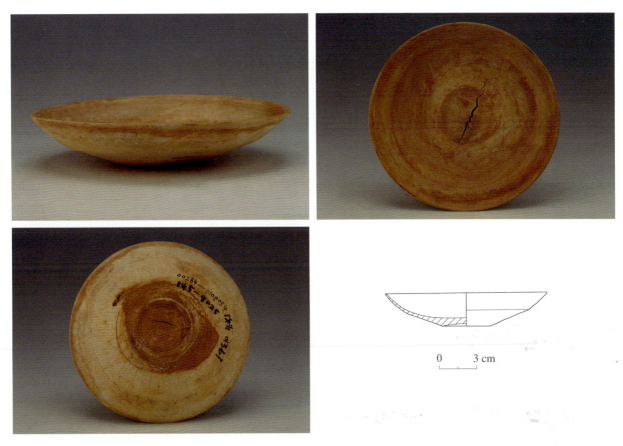

图 3-183　标本 01361-0100054

标本 00283-0100053-2。敞口，圆唇，浅弧腹，上腹壁外撇，下腹壁斜弧下收至底，下腹外壁与外底间有夹角，下腹内壁与底共同组成内底，内底弧凹，外底平，底部粘有一层白色垫层。腹壁中部有轮制痕迹。生烧。灰白胎。土黄色生烧釉，内外满釉，外施釉至下腹。口径 12.4、底径 4.3、通高 2.4 厘米。

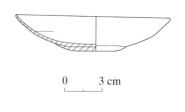

图 3-184　标本 00283-0100053-2

标本 C42。口沿已残，浅腹，腹壁弧形下收，内底近平，外底微凹。内底中间刻"𡩋"字，外底中间刻"𡩋"字，周边对称有四个"𡩋"字。生烧。白胎。灰白色生烧釉，内外满釉，外底不施釉。底径 8.3、残高 3.5 厘米。

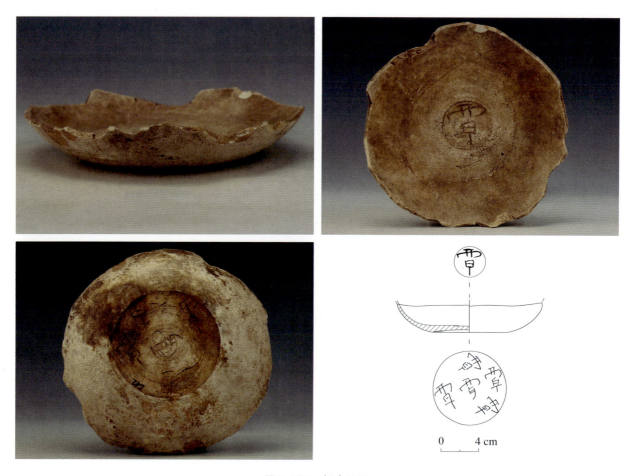

图 3-185　标本 C42

标本 00334-0100104。敞口，圆唇，浅腹，腹微斜弧下收，内底弧平，外底微凹。灰白胎。青白釉，釉面莹润伴有细片纹，内外满釉，外施釉至下腹。口径 8、底径 3.4、通高 2.4 厘米。

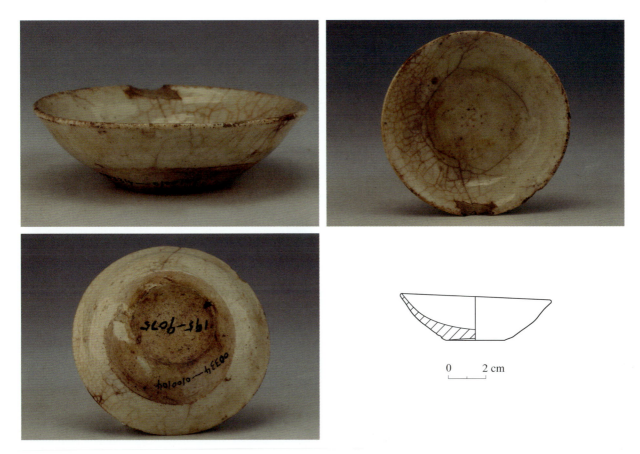

图 3-186　标本 00334-0100104

Bc 型：花口，折沿，浅弧腹，平底内凹。

标本 01168-0100483。花口，圆唇，平折沿，沿面向外平伸较短，沿边缘作六花口，浅腹，腹壁弧收至底，内底近平，外底内凹。腹内壁出六道阳筋，腹外壁对应有六道凹痕。灰白胎。青白釉，积釉处呈湖绿色，釉面莹润，内外满釉，外底不施釉。口径 13.1、底径 3.9、通高 2.9 厘米。

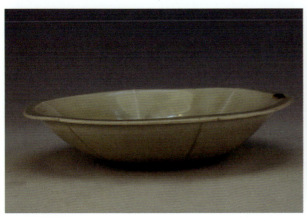

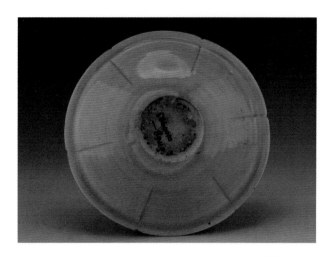
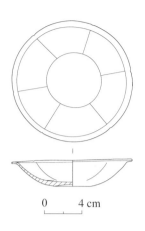

图 3-187　标本 01168-0100483

六、碟

敞口，浅坦折腹，小平底。根据口的不同可分为二型。

A 型：敞口碟。

敞口，浅坦折腹，小平底略内凹。

Aa 型：外壁有折，上壁外撇，下壁急收至底，下壁和底有一定夹角。

标本 01134-0100449。敞口，圆唇，浅腹，上腹壁斜直微内收，腹中部有折，下腹壁斜直急收至底，下腹外壁与外底间有夹角，下腹内壁与底共同组成内底，内底平，外底微凹。灰白胎。青白釉泛黄，内外满釉，外施釉至下腹。口径 9.5、底径 3.3、通高 1.9 厘米。

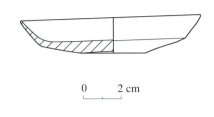

图 3-188 标本 01134-0100449

　　标本 01135-0100450。敞口，圆唇，浅腹，上腹壁斜直微内收，腹中部圆折，下腹壁斜直急收至底，下腹外壁与外底间有夹角，下腹内壁与底共同组成内底，内底近平，外底微凹。灰白胎。青白釉泛黄，釉面有土锈斑痕，内外满釉，外底不施釉。口径 10、底径 3.6、通高 2 厘米。

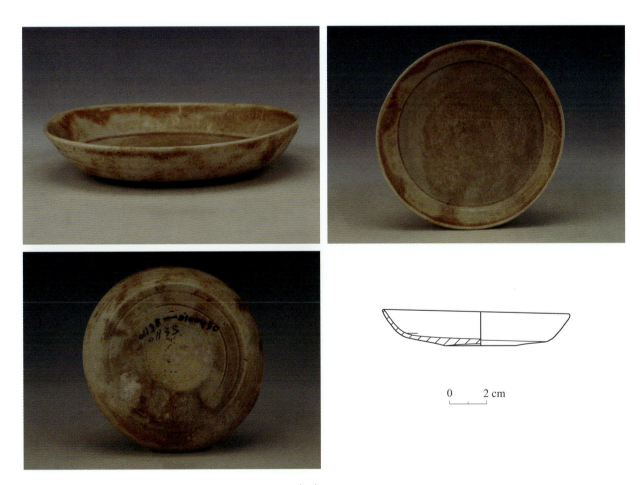

图 3-189 标本 01135-0100450

标本01378-0100582。敞口，圆唇，浅腹，上腹弧壁略内收，腹中部有折，下腹壁斜直急收至底，下腹外壁与外底间有夹角，下腹内壁与底共同组成内底，内底近平，外底内凹。灰白胎。青白釉，釉面莹润伴有细片纹，内外满釉，外底不施釉。口径11.5、底径4、通高2.3厘米。

0   3 cm

图3-190　标本01378-0100582

标本01379-0100583。敞口，圆唇，浅腹，上腹弧壁略内收，腹中部有折，下腹壁斜直急收至底，下腹外壁与外底间有夹角，下腹内壁与底共同组成内底，内底近平，外底略内凹。灰白胎。青白釉，釉面莹润伴有细片纹，内外满釉，外底不施釉。口径9.5、底径3、通高2厘米。

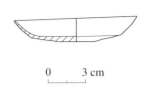

图 3-191 标本 01379-0100583

标本 01124-0100439。敞口，圆唇，浅腹，上腹壁外撇，腹中部有折，下腹壁斜弧急收至底，下腹外壁与外底间有夹角，下腹内壁与底共同组成内底，内底微弧，外底微凹。器物变形严重。灰白胎。青白釉，釉面有土锈斑痕，内外壁满釉，外底不施釉。口径 12.1、底径 4.4、通高 3.6 厘米。

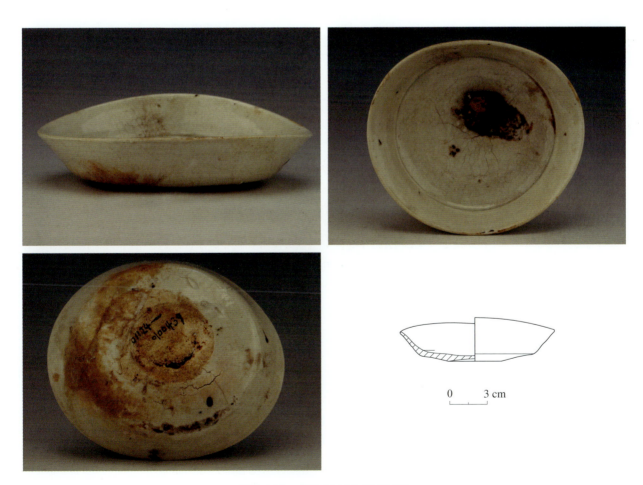

图 3-192 标本 01124-0100439

标本 C4。敞口，圆唇，浅腹，上腹弧壁略内收，腹中部有折，下腹壁斜直急收至底，下腹外壁与外底间有夹角，下腹内壁与底共同组成内底，内底近平，外底内凹。灰白胎。青白釉，积釉处呈湖绿色，釉面有土锈斑痕，内外满釉，外底不施釉。口径 12、底径 3.5、通高 3.1 厘米。

图 3-193　标本 C4

标本 C3。敞口，圆唇，浅腹，上腹弧壁略内收，腹中部有折，下腹壁斜直急收至底，下腹外壁与外底间有夹角，下腹内壁与底共同组成内底，内底近平，外底内凹。灰白胎。青白釉略泛黄，釉面莹润伴有细片纹，内外满釉，外底不施釉。口径 11.6、底径 3.3、通高 2.1 厘米。

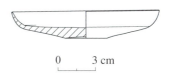

图 3-194 标本 C3

01133-0100448。敞口，圆唇，浅腹，上腹微弧壁外撇，腹中部有折，下腹壁斜弧急收至底，下腹外壁与外底间有夹角，下腹内壁与底共同组成内底，内底微凹，外底凹。灰白胎。青白釉，内外满釉，外底不施釉。口径 9.6、底径 3.7、通高 1.7 厘米。

图 3-195 标本 01133-0100448

标本 01131-0100446。敞口，圆唇，浅腹，上腹直壁外撇，腹中部有折，下腹壁斜弧急收至底，下腹外壁与外底间有夹角，下腹内壁与底共同组成内底，内底微凹，外底微凹。灰白胎。青白釉，积釉处呈湖绿色，内外满釉，外底不施釉。口径 11.2、底径 4、通高 2.3 厘米。

图3-196　标本 01131-0100446

标本 01129-0100444。敞口，圆唇，浅腹，上腹微弧壁外撇，腹中部有折，下腹壁斜弧急收至底，下腹外壁与外底间有夹角，下腹内壁与底共同组成内底，内底微凹，外底微凹。灰白胎。青白釉，釉面有土锈斑痕，内外满釉，外底不施釉。口径 11、底径 3.7、通高 2.5 厘米。

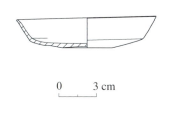

0   3 cm

图 3-197 标本 01129-0100444

　　标本 01126-010044。敞口，圆唇，浅腹，上腹弧壁略内收，腹中部有折，下腹壁斜直急收至底，下腹外壁与外底间有夹角，下腹内壁与底共同组成内底，内底近平，外平底内凹。灰白胎，青白釉，釉面有土锈斑痕，内外满釉，外底不施釉。口径 11、底径 4、通高 2.3 厘米。

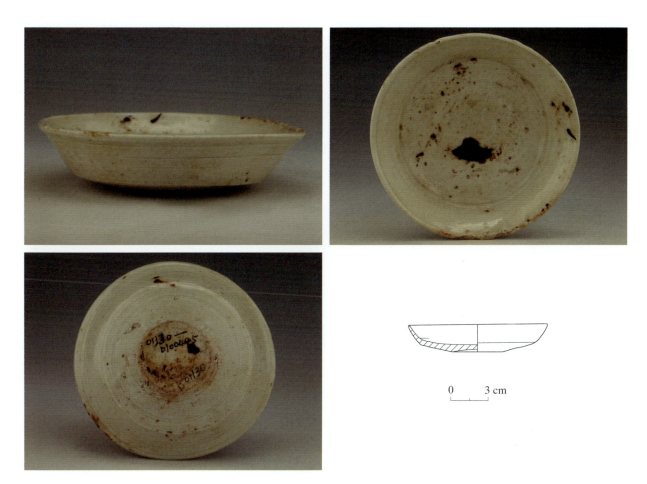

0   3 cm

图 3-198 标本 01126-010044

标本 01125-0100440。敞口，圆唇，浅腹，上腹弧壁略内收，腹中部有折，下腹壁斜直急收至底，下腹外壁与外底间有夹角，下腹内壁与底共同组成内底，内底近平，外底内凹。灰白胎。青白釉，釉面有土锈斑痕，内外满釉，外底不施釉。口径 10.9、底径 4.1、通高 2.4 厘米。

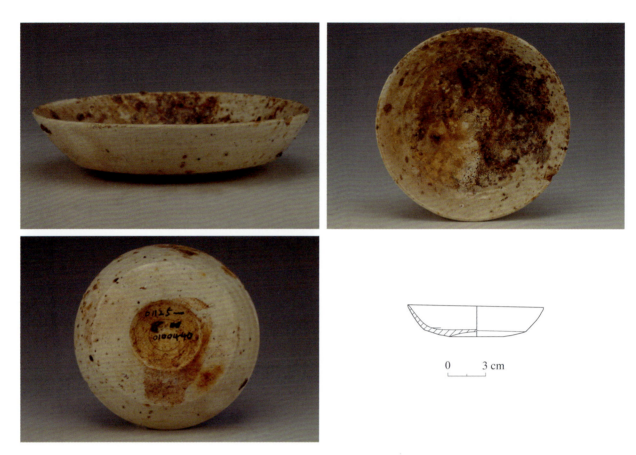

图3-199 标本 01125-0100440

标本 01132-0100447。敞口，圆唇，浅腹，上腹微弧壁略内收，腹中部有折，下腹壁斜弧急收至底，下腹外壁与外底间有夹角，下腹内壁与底共同组成内底，内底微凹，外底平。器物略变形。灰白胎。青白釉，积釉处呈湖绿色，釉面有土锈斑痕，内外满釉，外底不施釉。口径 9.6、底径 3.5、通高 1.5 厘米。

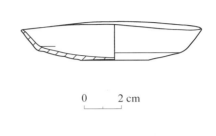

图 3-200 标本 01132-0100447

标本 00166-0100981。敞口，圆唇，浅腹，上腹弧壁略内收，腹中部有折，下腹壁斜弧急收至底，下腹外壁与外底间有夹角，下腹内壁与底共同组成内底，内底微凹，外底内凹。灰白胎。青白釉，釉面莹润，积釉处呈湖绿色，内外满釉，外底不施釉。口径 11.3、底径 3.4、通高 1.9 厘米。

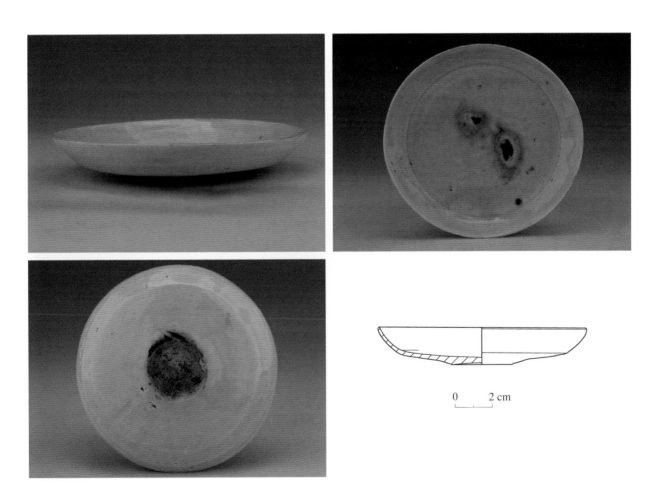

图 3-201 标本 00166-0100981

标本 00331-0100101。敞口，圆唇，浅腹，上腹弧壁略内收，腹中部有折，下腹壁斜直急收至底，下腹外壁与外底间有夹角，下腹内壁与底共同组成内底，内底近平，外底内凹。灰白胎。青白釉，釉面有土锈斑痕，内外满釉，外底不施釉。口径 9.6、底径 3.4、通高 1.6 厘米。

图 3-202　标本 00331-0100101

标本 00332-0100102。敞口，圆唇，浅腹，上腹弧壁略内收，腹中部有折，下腹壁斜直急收至底，下腹外壁与外底间有夹角，下腹内壁与底共同组成内底，内底微凹，外底内凹。灰白胎。青白釉，积釉处呈湖绿色，内外满釉，外底不施釉，釉面有土锈斑痕。口径 9、底径 2、通高 1.6 厘米。

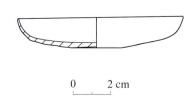

图 3-203　标本 00332-0100102

标本 00326-187-9067。敞口，圆唇，浅腹，上腹弧壁略内收，腹中部圆折，下腹壁斜弧急收至底，下腹外壁与外底间有夹角，下腹内壁与底共同组成内底，内底较凹，外底内凹。灰白胎。青白釉，釉面莹润，积釉处呈湖绿色，内外满釉，外底不施釉。口径 9.7、底径 2.7、通高 2 厘米。

图 3-204　标本 00326-187-9067

Ab 型：折壁，底更大。

标本 C5。敞口，圆唇，浅腹，上腹弧壁略内收，腹中部有折，下腹壁直收至底，下腹外壁与外底平，下腹内壁与底共同组成内底，内底近平，外底内凹。灰白胎。青白釉，积釉处呈湖绿色，釉面有土锈斑痕，内外满釉，外底不施釉。口径 11.8、底径 3.3、通高 1.9 厘米。

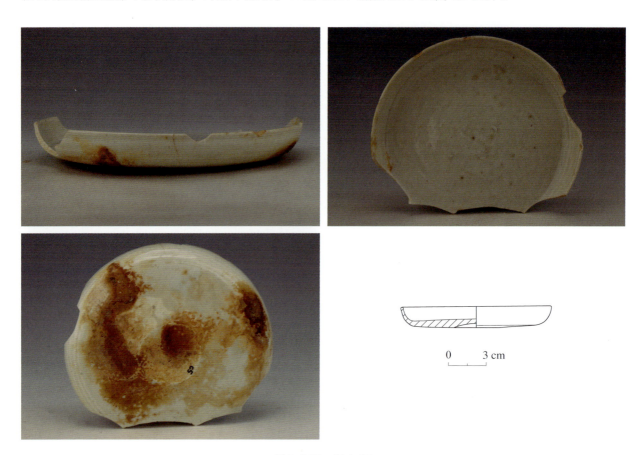

图 3-205　标本 C5

标本 01127-0100442。敞口，圆唇，浅腹，上腹微弧壁略内收，腹中部有折，下腹壁斜直急收至底，下腹外壁与外底平，下腹内壁与底共同组成内底，内底近平，外底微凹。灰白胎。青白釉，釉面有土锈斑痕，内外满釉，外底不施釉。口径 12.2、底径 4.2、通高 2.1 厘米。

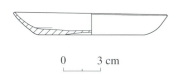

图 3-206 标本 01127-0100442

标本 01128-0100043。敞口，圆唇，浅腹，上腹微弧壁略内收，腹中部有折，下腹壁斜直急收至底，下腹外壁与外底平，下腹内壁与底共同组成内底，内底近平，外底微凹。底下部粘连一垫饼。灰白胎。白釉泛青，釉面有土锈斑痕，内外满釉，外底不施釉。口径 9.8、底径 3.3、通高 1.4 厘米。

图 3-207 标本 01128-0100043

标本 C6。口上部残，敞口，浅腹，上腹弧壁略内收，腹中部有折，下腹壁斜直急收至底，下腹外壁与外底间有夹角，下腹内壁与底共同组成内底，内底近平，外底内凹。灰白胎。青白釉，积釉处呈湖绿色，内外满釉，外底不施釉。底径 4.5、残高 2.5 厘米。

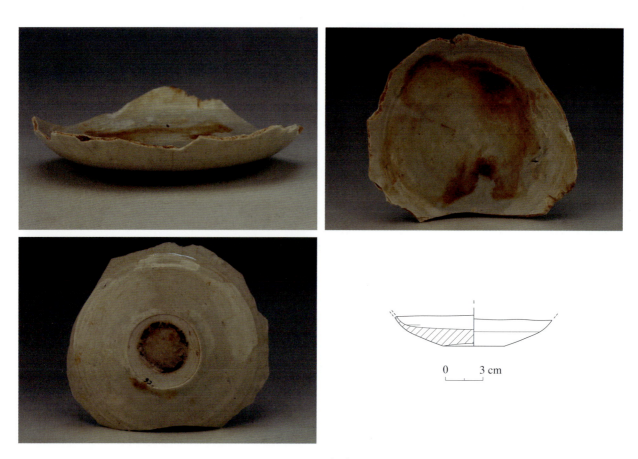

图3-208　标本C6

标本 C45。侈口，圆唇，浅腹，上腹壁外撇，斜直下收至底，下腹外壁与外底近平，下腹内壁与底共同组成内底，内底平，外底内凹。灰白胎。青白釉，釉面有土锈斑痕，内外壁满釉，外底不施釉。口径 9.5、底径 2.8、通高 1.4 厘米。

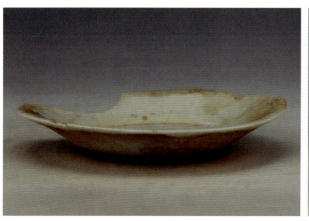

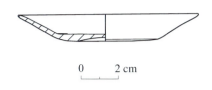

图 3-209　标本 C45

B 型：折沿或侈口碟。

折沿或侈口，浅坦折腹，平底或平底内凹。

标本 C51。圆唇，平折沿，沿面向外平伸较短，浅腹，上腹壁略弧收，腹中部有折，下腹壁直收至底，下腹外壁与外底间有夹角，下腹内壁与底共同组成内底，内底近平，外底内凹。灰白胎。青白釉，积釉处呈湖绿色，内外满釉，外底不施釉。口径 12.2、底径 3.6、通高 2 厘米。

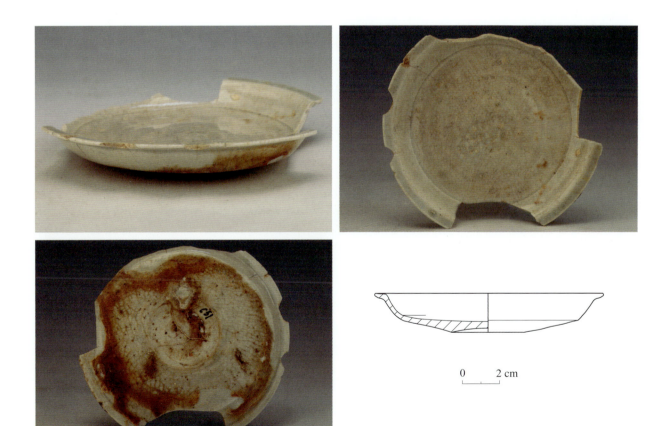

图 3-210　标本 C51

标本 01165-0100480。圆唇，斜折沿，沿面向外斜伸较短，浅腹，上腹壁斜直外撇，腹中部有折，下腹壁直收至底，下腹外壁与外底间有夹角，下腹内壁与底共同组成内底，内底近平，外底内凹。灰白胎。青白釉泛黄，内外满釉，外底不施釉。口径 9.4、底径 3.6、通高 1.7 厘米。

图 3-211　标本 01165-0100480

标本 01169-0100484-1。圆唇，斜折沿，沿面向外斜伸较短，浅腹，上腹壁斜直外撇，腹中部有折，下腹壁直收至底，下腹外壁与外底间有夹角，下腹内壁与底共同组成内底，内底近平，外底内凹。灰白胎。青白釉泛黄，内外满釉，外底不施釉。口径 9.5、底径 3.1、通高 2 厘米。

标本 01169-0100484-2。圆唇，斜折沿，沿面向外斜伸较短，浅腹，上腹壁斜直外撇，腹中部有折，下腹壁直收至底，下腹外壁与外底间有夹角，下腹内壁与底共同组成内底，内底近平，外底内凹。灰白胎。青白釉泛黄，内外满釉，外底不施釉。口径 9.6、底径 3.5、通高 2 厘米。

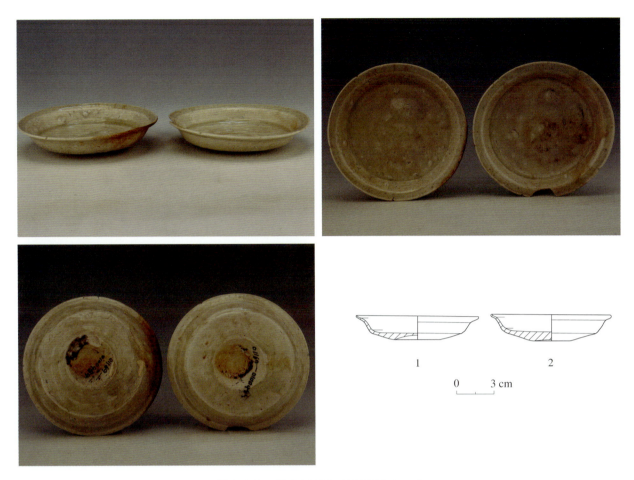

图3-212 标本01169-0100484-1、-2

标本01382-0100585。圆唇，斜折沿，沿面向外斜伸较短，浅腹，上腹壁斜弧外撇，腹中部有折，下腹壁直收至底，下腹外壁与外底间有夹角，下腹内壁与底共同组成内底，内底近平，外底内凹。灰白胎。青白釉泛黄，积釉处泛湖绿色，釉面莹润，内外满釉，外底不施釉。口径9.7、底径3.7、通高2厘米。

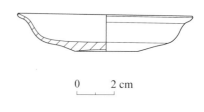

图 3-213　标本 01382-0100585

标本 01376-0100580。圆唇，侈口卷沿，口沿边缘有五个花口，未出筋，沿面向外斜伸较短，浅腹，上腹壁斜弧外撇，腹中部有折，下腹壁直收至底，下腹外壁与外底间有夹角，下腹内壁与底共同组成内底，内底近平，外底内凹。灰白胎。青白釉，积釉处泛湖绿色，釉面莹润，内外满釉，外底不施釉。口径 10.1、底径 2.8、通高 1.4 厘米。

图 3-214　标本 01376-0100580

其他未分类型：

标本 C17。口部已残，腹壁弧形下收至底，饼状假圈足。内底刻有"中窑坊"三字。灰白胎。青白釉泛米黄色，釉面莹润伴有细片纹，内外满釉，外施釉至下腹。底径 3、残高 2.6 厘米。

图3-215 标本C17

七、器盖

根据盖顶不同可分为三亚型。

A 型：盖顶有钮，盖沿平伸。

标本 C58。盖顶弧，弧拱顶面略高，中间塑一茎梗钮，沿面较宽，微上翘，下设子口。灰白胎。青白釉，盖面施釉，釉面有少量土锈斑痕。最大径9.9、高3.4厘米。

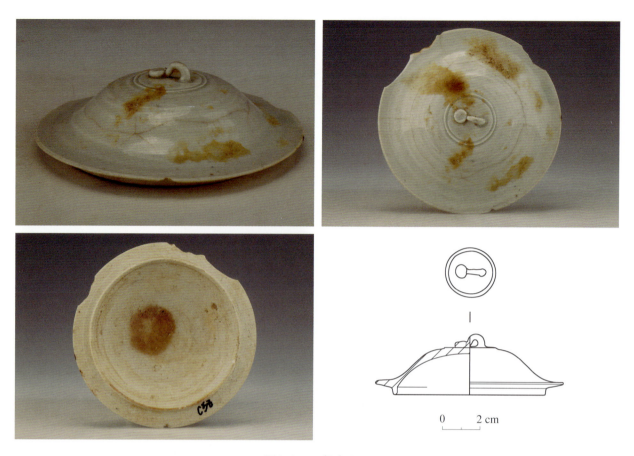

图 3-216　标本 C58

标本 C59。弧拱顶，顶弧上部稍平，中间塑一钮，残，沿面较宽平，下设子口。生烧。灰胎。黄色生烧釉，盖面施釉。最大径 10.3、通高 3 厘米。

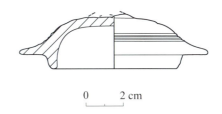

图 3-217 标本 C59

标本 C60。弧拱顶，顶弧上部较平，中间塑一钮，残，沿面较宽，微上翘，下设子口。灰白胎。青白釉，盖面施釉。最大径 9.5、高 2.2 厘米。

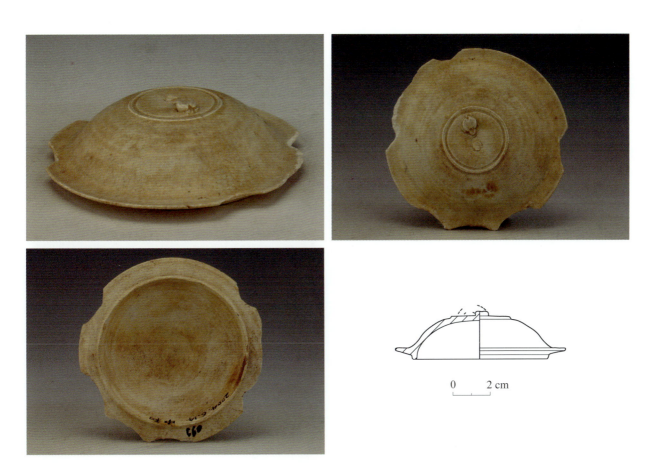

图 3-218 标本 C60

B 型：盖顶有钮，盖沿下垂。

标本 C61。弧拱顶，顶弧上部较平，中间塑一钮，残，沿面较宽，斜弧向下，下设子口。灰白胎。青白釉，积釉处呈湖绿色，盖面施釉，釉面有少量土锈斑痕。最大径 9、高 2.4 厘米。

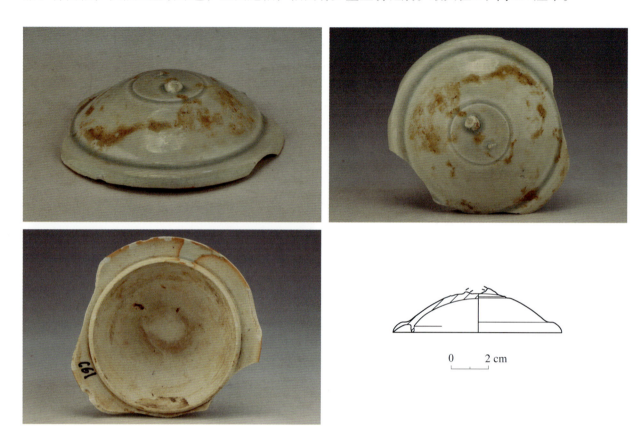

图 3-219 标本 C61

C 型：盖顶无钮，宽沿。

标本 C7。弧拱顶，沿面较宽平，微上翘，下设子口。灰白胎。青白釉，盖面施釉，釉面有大量土锈斑痕。最大径 9、通高 2.5 厘米。

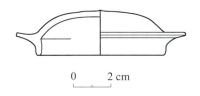

图 3-220 标本 C7

标本 C8。弧拱顶，沿面较宽平，下设子口。生烧。土黄色胎。土黄色生烧釉，盖面施釉，内无釉。最大径 9.1、通高 2.5 厘米。

图 3-221 标本 C8

标本 C9。弧拱顶，沿面较宽平，下设子口。灰白胎。青白釉，盖面施釉，釉面有大量土锈斑痕。最大径 8.55、通高 2.4 厘米。

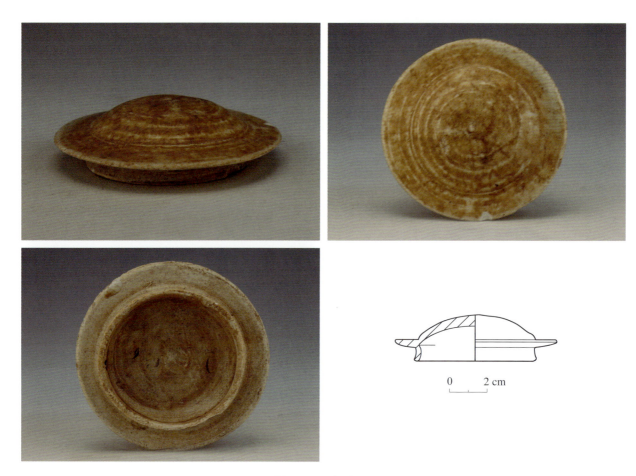

图 3-222　标本 C9

标本 C10。弧拱顶，弧拱顶面较矮，沿面较宽平，下设子口。灰白胎。青白釉，盖面施釉，釉面有大量土锈斑痕。最大径 8.8、通高 2 厘米。

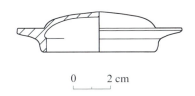

图3-223 标本C10

标本C11。弧拱顶，沿面较宽平，下设子口。灰白胎。青白釉，盖面施釉，釉面有少量土锈斑痕。最大径8.7、高2.4厘米。

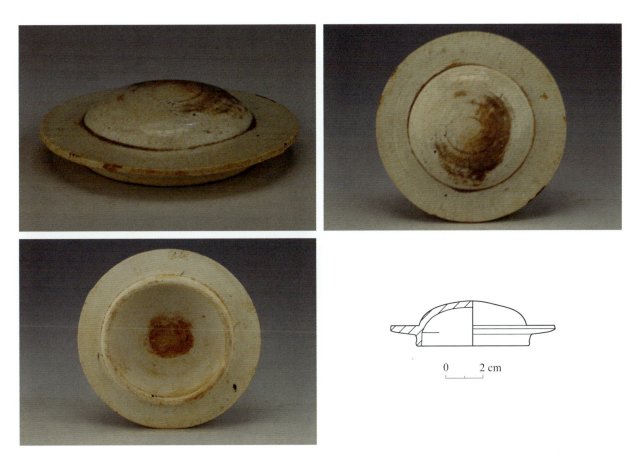

图3-224 标本C11

八、炉

多仅存底座，根据圈足不同可分为二型。

A型：大喇叭形圈足。

标本C35。口沿及腹上部残，下腹弧，内底微弧，下有棱状出檐。下承把柄中间有两周圆状凸棱的底座，座沿外翘。灰白胎。青白釉泛青，釉面莹润，腹部内外满釉，底座外部施半釉，内部无釉，有流釉、积釉现象。底径6.7、残高6.6厘米。

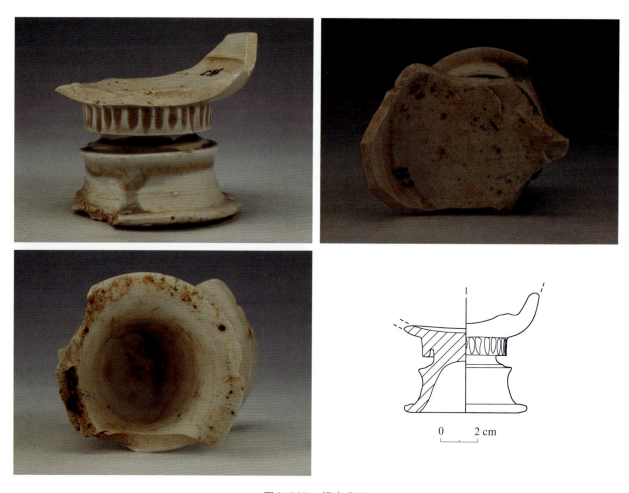

图3-225　标本C35

标本C36。仅存底座，上有棱状出檐。把柄中间有一屋檐状凸棱，座沿外撇。棱面剔刻辐射状斜弧线。灰白胎。青白釉，釉面莹润，底座外部施半釉，内部无釉。底径6.4、残高4.6厘米。

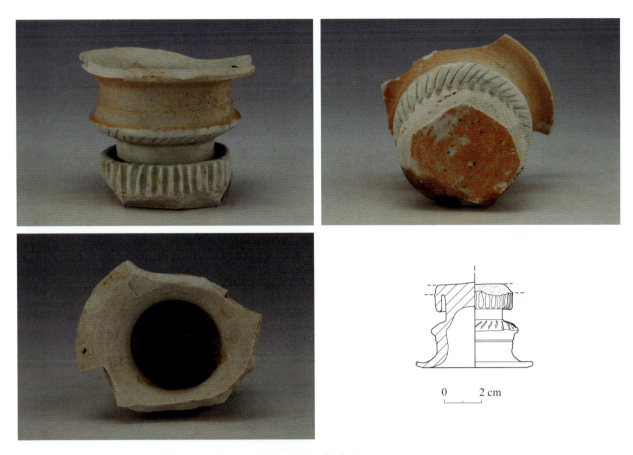

图 3-226 标本 C36

标本 C37。口沿及腹上部残，下腹弧，内底微弧，下有覆莲瓣状出檐。下承把柄中间有两周圆状凸棱的底座，座沿呈喇叭状。腹壁剔刻仰莲瓣纹。灰白胎。青白釉，釉面莹润，积釉处呈湖绿色，外满釉，内部无釉。底径 6.6、残高 6.8 厘米。

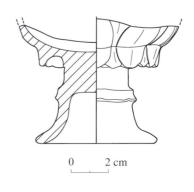

图 3-227　标本 C37

标本 C1。莲瓣口略外侈，深直腹略弧，平底，下有莲瓣状出檐，下承喇叭形底座，把柄中间有两周圆状凸棱，底座沿外卷。腹外壁饰浅浮雕莲瓣纹。灰白胎。青白釉，积釉处泛湖绿色，釉面莹润，釉面有土锈斑痕，内外满釉，内底刮釉，外底不施釉。口径 15.5、底径 10.8、通高 17 厘米。

图 3-228　标本 C1

标本 00336-0100106。仅存底座。喇叭状覆莲形，足端较圆而外撇。上部有一周绞绳状附加堆纹，下连一周高浮雕覆莲瓣纹。灰白胎。外腹施青白釉，釉面莹润，内部无釉。口径 6.7、底径 13.5、通高 9.5 厘米。

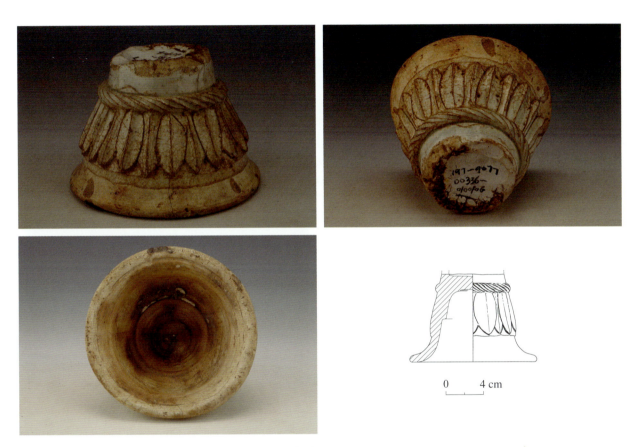

图 3-229　标本 00336-0100106

B 型：六边形圈足。

标本 00338-0100108。仅存底座。内底平，下承把柄中间有一周圆状凸棱，底座呈六棱镂空宝塔状，座沿为六瓣花朵状，并饰六个四角星形镂空和十二个圆形镂空。胎色洁白，胎质细腻致密。青白釉略泛青，釉面莹润，炉向外满釉，残存内底无釉，底座外部施满釉，内部无釉。残高 7 厘米。

图 3-230　标本 00338-0100108

九、底　座

标本 00337-0100110。仅存中间一段，莲瓣口，口沿作莲瓣状，内壁近口处折沿，浅腹，中心为圆柱状三级递收状，圜底下有实心饼足。腹外壁饰浅浮雕莲瓣纹。灰白胎。青白釉泛黄，釉面莹润，釉面有土锈斑痕，内外满釉，外底不施釉。口径 10.7、底径 3.9、通高 4.4 厘米。

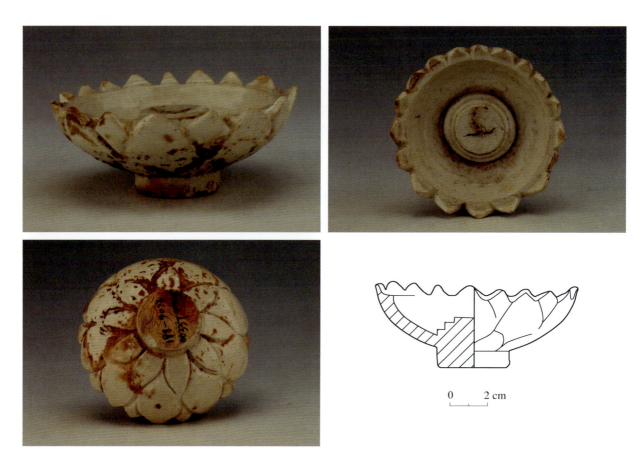

图 3-231　标本 00337-0100110

十、瓶

标本 C29。瓜棱腹。喇叭口，细长颈，圆溜肩，鼓腹，腹壁弧形下收至底，矮圈足。肩部有两周凹弦纹，腹部呈八瓣瓜棱状。生烧。土黄色胎。米白色生烧釉，外满釉，内部及底部未施釉。底径 4.5、残高 12.5 厘米。

图 3-232　标本 C29

标本 00246-0100028。侈口，厚圆唇，细长颈部，溜肩，垂腹，平底下有矮圈足，略外斜。灰白胎。青白釉因受浸而呈米黄色，釉面有土锈斑痕，伴有细开片，内外满釉，外底不施釉。口径 2.7、底径 4.9、通高 9.8 厘米。

图 3-233　标本 00246-0100028

十一、罐

标本 C23。罐。上部已残，腹壁微弧斜下收至底，矮圈足，足壁微下张。灰白胎。青白釉，釉面莹润伴有细片纹，内外满釉，外底不施釉。底径 7.5、残高 8.7 厘米。

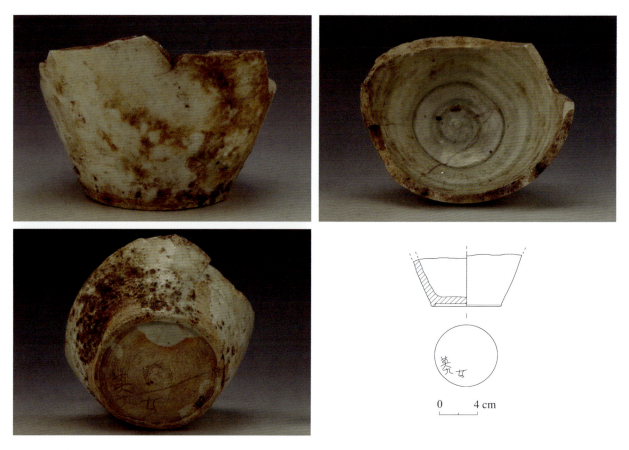

图 3-234　标本 C23

标本 C24。罐。上部已残，腹壁微弧下收至底，矮圈足，足壁微下张。灰白胎。青白色釉，釉面莹润伴有细片纹，内外满釉，外底不施釉。底径 11.3、残高 10.3 厘米。

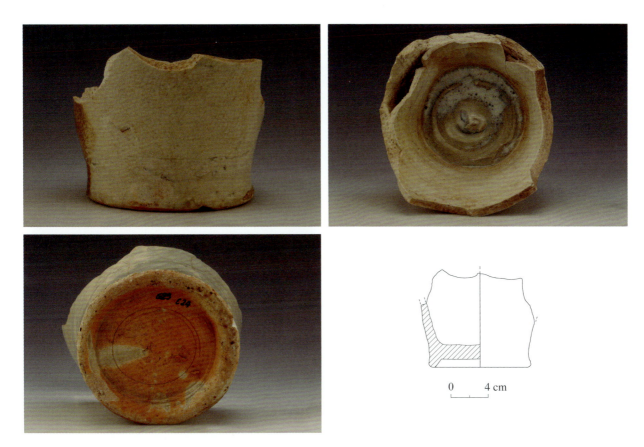

图 3-235　标本 C24

十二、执　壶

标本 C32。残存口、颈、肩及把部分。喇叭口，尖唇，细长颈，颈中上部有把，残，圆溜肩，颈、肩处有折痕，内壁有轮旋痕迹。灰白胎。青白釉，釉面莹润，外满釉，内仅口沿有釉。口径 6.5、残高 10 厘米。

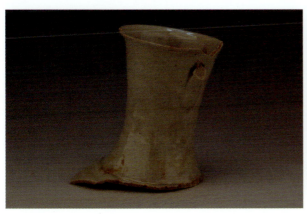

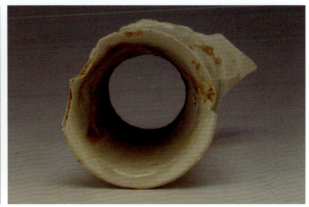

图 3-236 标本 C32

标本 C33。残存口、颈、肩及把部分。喇叭口，尖唇，沿外卷，长颈，颈中部起把，残，肩部残，颈、肩处有接胎痕，内壁有轮旋痕迹。灰白胎，青釉，釉面莹润，外满釉，内仅口沿有釉。口径 7、残高 6 厘米。

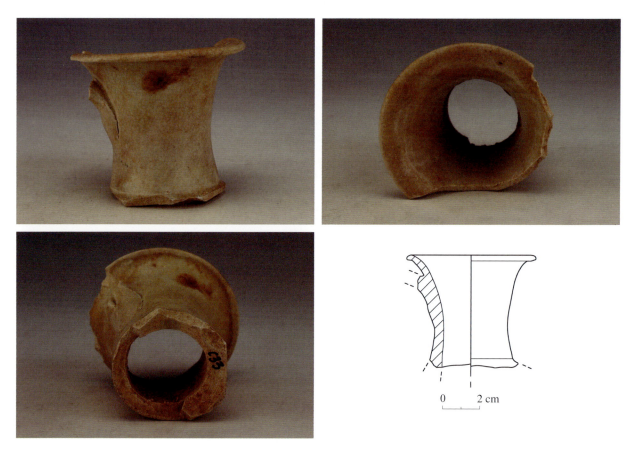

图 3-237 标本 C33

标本 C64。残存口、颈、肩及把部分。盘口，长颈，颈中上部起把，残，肩部残，颈、肩处有接胎痕，内壁有轮旋痕迹。灰白胎。青白釉，釉面莹润，外满釉，内仅口沿有釉。口径 6.2、残高 7.3 厘米。

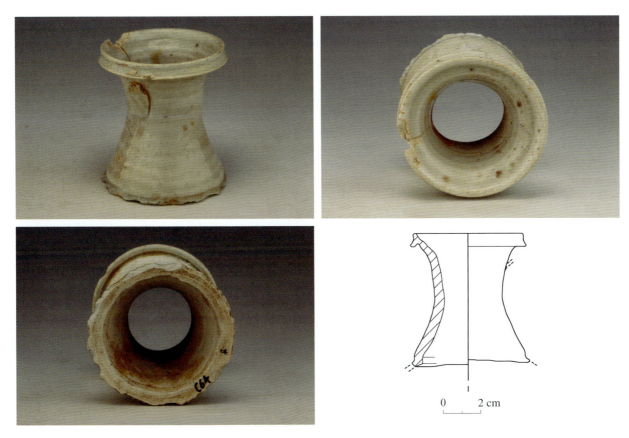

图 3-238 标本 C64

标本 C65。残存口、颈、肩部分。盘口，长颈，肩部残，颈、肩处有折痕，内壁有轮制痕迹。灰白胎。青白釉，釉面莹润，外满釉，内仅口沿有釉。口径 5.7、残高 6.5 厘米。

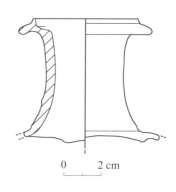

图 3-239　标本 C65

标本 C18。壶身残，圆唇，短直口，圆溜肩，肩腹交界处有流孔，深腹，腹壁弧形下收至底，矮圈足。肩下部有一凹弦纹，腹部为瓜棱状。灰白胎。青白釉，釉面莹润，外满釉，内无釉。口径 7.6、底径 7.8、通高 9.6 厘米。

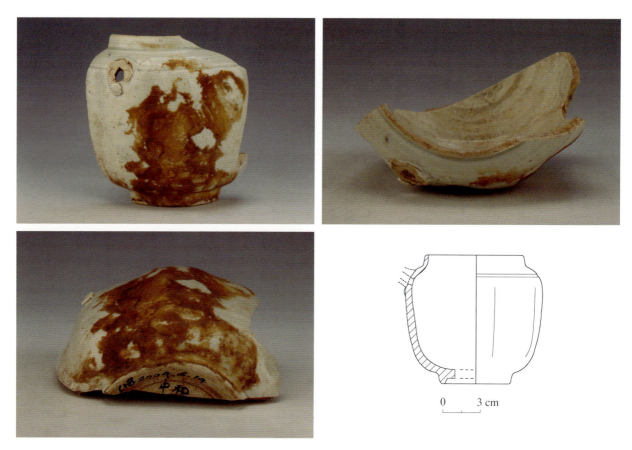

图 3-240　标本 C18

十三、流

标本 C21。流。微弯曲管状，斜直口，灰白胎，青白釉，釉面莹润，外满釉，内无釉。长 6 厘米。

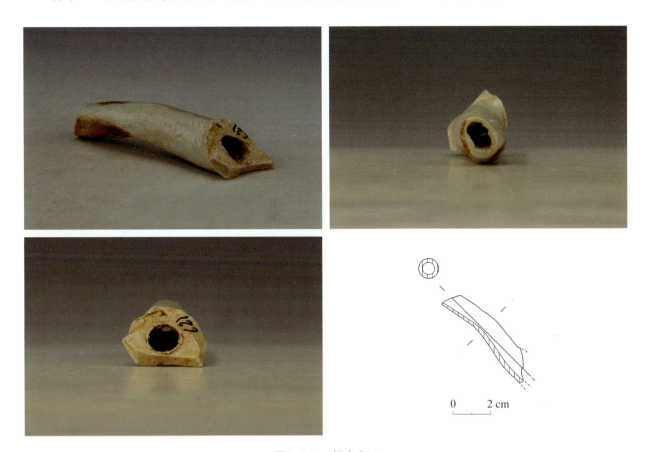

图 3-241 标本 C21

十四、铫

标本 C22。铫把手。管状，端口微喇，圆唇。灰白胎。青白釉近黄色，釉面有细片纹，外满釉。口径 2.8、长 7.6 厘米。

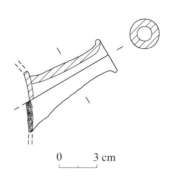

图 3-242　标本 C22

第二节　生 产 工 具

一、研 磨 棒

标本 C19。研磨棒。上部残，实心，横截面呈圆形。石质。上径 3.8、下径 4.15、残高 9.8 厘米。

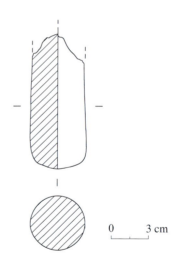

图 3-243　标本 C19

标本 C20。研磨棒。上部残，实心，横截面呈圆形。白胎。青白釉，外施满釉。上径 4.05、下径 3.45、残高 9 厘米。

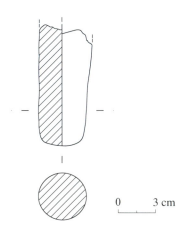

图 3-244　标本 C20

研磨棒。柄上端残，实心，八棱柱状，棒下端磨圆。灰白胎。青白釉泛米黄色，施半釉。上直径 1.7、下直径 3、残高 10.8 厘米。（无编号）

图 3-245　研磨棒

二、网　坠

标本 01317-0200512。网坠。泥质红陶，呈弧边长方形，短边端各有一圆形孔。长 4、宽 2、厚 1.5 厘米。

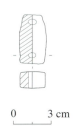

图 3-246　标本 01317-0200512

第三节　窑　具

包括垫具、匣钵等。

一、垫　具

标本 C108。器体呈扁圆柱状，柱体略斜。上下两顶面均平，实心。紫色粗砂胎。直径 7.8、高 7.6 厘米。

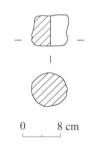

图 3-247　标本 C108

标本 C107。器体呈扁圆柱状，略斜。紫色粗砂胎，用扁平泥条捏制。直径 7.8、高 7.6 厘米。
标本 C111。器体呈圆柱状，略斜。泥质粗砂胎。直径 7.8、高 7.6 厘米。

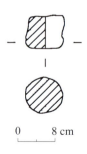

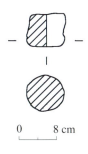

图 3-248 标本 C107、C111 照片

二、匣 钵

标本 C71。匣钵。整体呈漏斗形，圆唇，腹上壁微内收，腹壁至整器二分之一处内折，下凹底，底部外凸的深度约为整器高度的二分之一。紫色粗砂胎。口径 14.9、底径 7、通高 10.3 厘米。

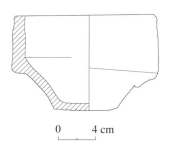

图 3-249 标本 C71

标本 C72。匣钵。整体呈漏斗形，圆唇，腹上壁微内收，腹壁至整器二分之一处内折，微弧凹内收至底，底部外凸的深度约为整器高度的二分之一。外腹壁有两横一竖刻划痕。紫色粗砂胎，外腹壁施黑褐色釉。口径 16.5、底径 6.1、通高 7.1 厘米。

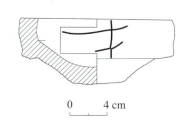

图 3-250 标本 C72

标本 C87。匣钵。整体呈漏斗形，圆唇，腹上壁微内收，腹壁至整器二分之一处内折，斜直内收至底，底部外凸的深度约为整器高度的二分之一。腹外壁有两横一竖刻划痕。紫色粗砂胎。口径14.8、底径4.8、通高7.8厘米。

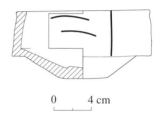

图 3-251　标本 C87

标本 C85。匣钵。整体呈漏斗形，圆唇，腹上壁微内收，腹壁至整器二分之一处内折，斜直内收至底，底部外凸的深度约为整器高度的二分之一。腹外壁有二竖条刻划痕。紫色粗砂胎。口径14.1、底径4、通高9.2厘米。

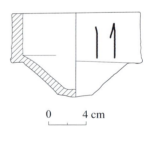

图 3-252　标本 C85

标本 C86。匣钵。整体呈漏斗形，圆唇，腹上壁微内收，腹壁至整器二分之一处内折，斜弧内收至底，底部外凸的深度约为整器高度的二分之一。腹外壁有"N"刻划痕。紫色粗砂胎。口径14、底径4、通高9.3厘米。

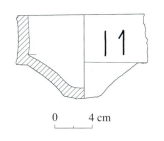

图 3-253 标本 C86

标本 C90。匣钵。整体呈漏斗形，圆唇，腹上壁微内收，腹壁至整器三分之二处内折，底部外凸的深度约为整器高度的三分之一。腹外壁有一竖条及"（刻符）"刻划痕。紫色粗砂胎。口径 17.4、底径 5.1、通高 7.2 厘米。

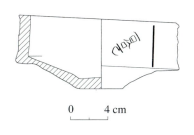

图 3-254 标本 C90

标本 C91。匣钵。整体呈漏斗形，圆唇，腹上壁近直，腹壁至整器二分之一处内折，底部外凸的深度约为整器高度的二分之一。腹外壁有四个平行竖条刻划痕。紫色粗砂胎。口径 17.4、底径 5.2、通高 9.8 厘米。

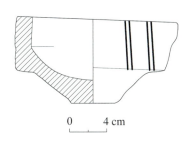

图 3-255 标本 C91

标本 C92。匣钵。整体呈漏斗形，圆唇，腹上壁近直，腹壁至整器近二分之一处内折，底部外凸的深度约为整器高度的二分之一。腹外壁有一竖条刻划痕。紫色粗砂胎。内部粘连有一件青白釉碗。口径 24.2、底径 6.8、通高 11.4 厘米。

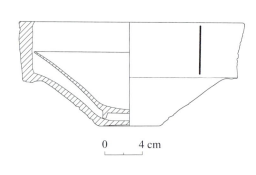

图 3-256　标本 C92

标本 C93。匣钵。整体呈漏斗形，圆唇，腹上壁微内收，腹壁至整器二分之一处内折，底部外凸的深度约为整器高度的二分之一。腹外壁有 ⩊ 形刻划痕。紫色粗砂胎。口径 16.8、底径 6.9、通高 10.6 厘米。

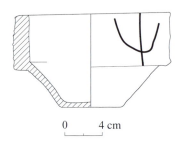

图 3-257　标本 C93

三、印　模

标本 00244-0100027。印模。蘑菇状，上部伞形，下有圆柱状把手。伞顶面有缠枝花卉婴戏纹。瓷质。伞直径 11、底径 3.5、通高 6.8 厘米。

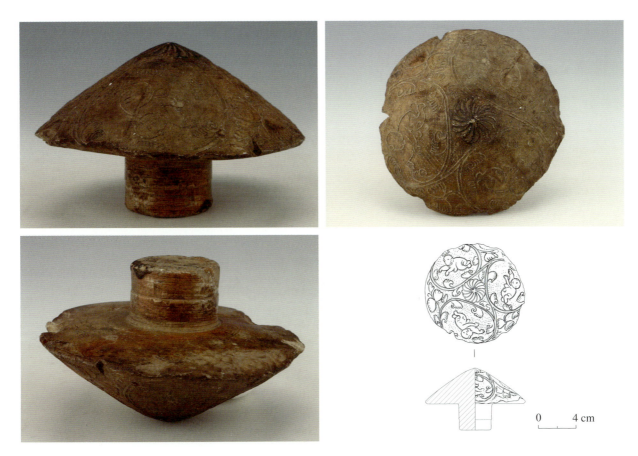

图 3-258　标本 00244-0100027

标本 01163-0100478。印模。蘑菇状，上部伞状，下有圆柱状把手。伞顶面有摩羯纹。瓷质。伞直径 12、底径 4、通高 6.5 厘米。

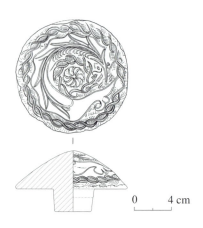

图 3-259　标本 01163-0100478

标本 01164-0100479。印模。蘑菇状，上部伞状，下有圆柱状把手。伞顶面有缠枝花卉纹。瓷质。伞直径 16、底径 5、通高 8.4 厘米。

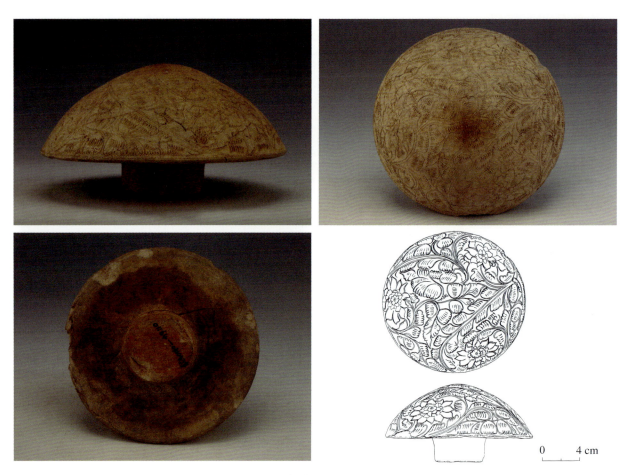

图 3-260　标本 01164-0100479

四、轴 顶 碗

标本 01142-0100457。轴顶碗。八棱柱状，平顶较小，腹壁略外斜，外腹壁刻成八棱面。白胎。外腹下端施有青白釉一圈，内施满釉。口径 7.2、底径 6.2、通高 4.8 厘米。

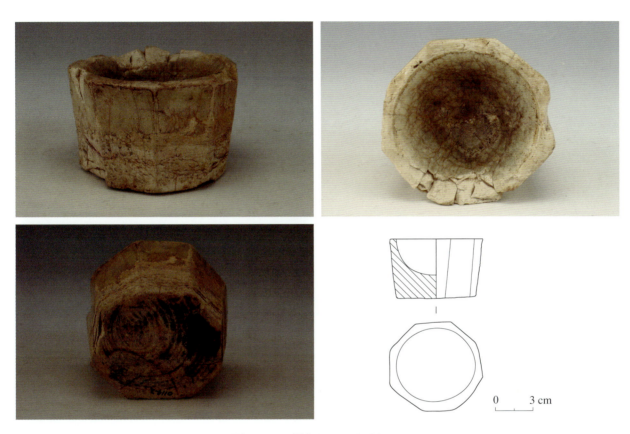

图 3-261　标本 01142-0100457

标本 01143-0100458。轴顶碗。九棱柱状，顶面微凹，腹壁直，外腹壁刻成九棱面。白胎。内施满釉，外不施釉。口径 8.1、底径 8.1、通高 6.2 厘米。

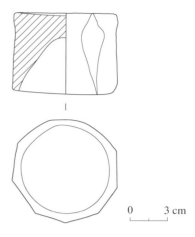

图 3-262　标本 01143-0100458

第四章

相关问题探讨

第一节　窑　址　年　代

一、已发掘窑址年代概况

　　广西藤县中和窑在方志中虽不见记载，但在调查、试掘过程中发现了一件对窑址烧造年代的断定有重要意义的实物——"嘉熙二年"（1238）款印花模具，为判明窑址的烧造年代提供了可靠依据。同时，采集出土的标本在器形、装饰艺术及烧制技术方面都带有明显的时代特征。如一号窑窑室内出土器物，造型多仿植物瓜果之类，碗、盘、盏、碟等圆器为敞口小圈足，多作葵瓣或莲瓣形；壶、罐、瓶等多呈短颈，瓜棱腹，圈足。这些式样，为两宋时期流行的典型器物。一号窑发掘时在火膛附近出土了数枚铜钱，以元丰（1078—1085）、元祐（1086—1094）钱为多，最早的为咸平（998—1003）通宝，最晚是元祐通宝。据此推断一号窑的烧造年代与元丰、元祐这两种铜钱的流通、使用时间相近，所以一号窑址年代上限可能略早于元丰，下限当较元祐稍晚。二号窑与一号窑虽同属斜坡式龙窑，但内部结构已有较明显变化，如一号窑尾部没有发现挡火墙的设施，而二号窑有挡火墙，其结构已臻于完善；其次，二号窑出土的不少器物在胎质上明显不如一号窑精致细腻，制作比较粗糙。二号窑的年代应较一号窑为晚。在装饰花纹方面，缠枝花卉纹在二号窑开始少见，出现了疏朗粗简的大花叶、飞禽，或六格式的图案花纹。其中飞禽花卉纹、回纹，在技法与布局上与"嘉熙二年"款印花模具的花纹极其相似。二号窑还使用了一匣多器的装烧技术——叠烧。叠烧是陶瓷烧造技术上的一项改革，是技术上的进步，但也反映了窑主们一意追求产量而不那么讲究产品质量的经营作风。这种叠烧方法约出现于南宋，盛行于元代。因此，二号窑的烧造年代应属南宋时期[1]。

　　采集标本中有一种胎质白中微带灰色、胎釉结合较差、釉有纹片并易脱落的印花器，胎釉方面比一号窑标本较为原始，而较晚的标本则与二号窑出土的相当。因此，藤县中和窑的年代应在北宋后期至南宋时期。

二、器物特征分析

　　中和窑址采集遗物的器形主要有碗、盘、钵、盏、碟、壶、罐、炉、器盖、印模、铫、研磨棒、轴顶碗、匣钵、垫饼具等。其中以碗、盘、碟、匣钵、垫饼具数量为最多，其他器物类型数量相对较少。

　　藤县博物馆馆藏、调查、收集的中和窑遗物共300余件，其中碗的数量占一半。根据碗的大小、器形等特征的不同，可分为以下七型。

1　韦仁义：《广西藤县宋代中和窑》，文物编辑委员会：《中国古代窑址调查发掘报告》，文物出版社，1984年。

A 型为斗笠碗，口径多为 12 厘米左右，敞口圆唇，腹壁斜直，呈斗笠状；内壁底略平或内底略凹弧近圜底状；圈足。B 型碗，敞口斜直腹略浅弧碗。Ba 型外腹施釉及底，口径多在 15 厘米左右。Bb 型外腹施釉不及底，口径多在 11 厘米左右，素面，壁略厚，敞口，弧腹，腹壁略直，内底有一略大圆圈，圈足。外壁多施半釉。C 型碗，敞口深弧腹碗。敞口，深弧腹，矮圈足。Ca 型施釉及底。胎釉质量较好。胎质较细，青白釉面莹润。Cb 型施釉不及底。青白釉泛黄，釉面较干涩。

D 型碗，口径多为 12 厘米左右，出唇沿型小碗。Da 型高圈足。整体器物稍高。Db 型矮圈足。整体器物稍矮。E 型碗，侈口浅斜弧腹碗。口径多在 14 ～ 17 厘米，属中和窑瓷碗中形较大者。Ea 型外腹施釉及底。口沿外撇，斜腹浅弧，平底，高圈足。内底腹之间弧形过渡。胎釉质量比较好。Eb 型外腹施釉不及底。口沿外撇，斜腹浅弧，平底，矮圈足。内底腹之间有一道弦纹。胎釉质量较差，青白釉泛黄，釉面干涩。F 型葵口碗，侈花口碗。有两件器形较大，口径达到 16 厘米左右，其他口径多为 12 厘米左右，侈口，作葵口状，斜腹弧收，圈足。Fa 型圈足较高。Fb 型圈足较矮。G 型盘口碗，侈口，口部呈盘口状，数量较少。

杯，按照造型分为两型，圆口杯与葵口杯。A 型圆口杯，弧腹，内底弧平；高圈足，足壁外撇。根据口沿特征可分为三型：Aa 型敞口。Ab 型直口。Ac 型微敛口。B 型葵口杯，高圈足，足壁外撇。钵，直口，圆唇；深弧腹，内底弧平；矮圈足，足壁外撇。盏，整器较小，口径多在 8 ～ 11 厘米，底径 3 ～ 4 厘米，通高 4 ～ 5 厘米。A 型为敞口盏。敞口，斜弧腹或深弧腹，圈足。B 型为侈口盏。C 型为束口盏。束口，口沿略外撇，腹壁斜直浅弧，内底略平，圈足或假圈足。

盘，根据有无圈足分为二型。A 型下有圈足。B 型下无圈足。A 型圈足盘，根据盘壁、唇沿的不同分为三个亚型。Aa 型，侈口，浅弧腹，矮圈足。Ab 型，敞口，圆唇，浅弧腹，矮圈足，圈足外壁较直，内壁外斜。Ac 型，敞口，折腹，上腹壁外撇，中部折腹，矮圈足。B 型无圈足盘，凹底。器物下腹腹壁斜收至底，外壁与外底之间有夹角，内壁与底共同组成内底，内底近平，外底内凹。根据盘壁不同分为三亚型。Ba 型，敞口，浅折腹，上腹壁外撇，腹中部有折。Bb 型，敞口，上腹略内弧，腹中部有折。Bc 型，花口，折沿，浅弧腹，平底内凹。碟，敞口，浅坦折腹，小平底。A 型，敞口碟。B 型，折沿或侈口碟。器盖，根据盖顶不同分为三型。A 型盖顶有钮，盖沿平伸。B 型盖顶有钮，盖沿下垂。C 型盖顶无钮，宽沿。炉，A 型大喇叭形圈足。B 型六边形圈足。

根据中和窑采集的器物类型划分，我们发现器物的胎釉与造型存在若干差异。尤为显著的是，部分瓷器外壁施满釉，胎釉质量上乘，胎体较薄，器底圈足较高且数量较多；而另一些瓷器外壁施釉未及底，胎釉质量较差，胎体稍厚，青白釉色泛黄，釉面干涩，器底圈足较矮且数量相对较少。如 Ea 型碗圈足较高，Eb 型碗圈足较矮，似有因时代不同存在高矮变化。这些差异可能表明器物属于不同时代，若未来有发掘信息作为参照，可依据地层进一步细分。

中和窑址出土遗物由于烧造火候、釉层厚薄的不同，青白釉色调呈现有深浅的差别，有青白或微泛豆青色的，也有青灰色的。米黄色釉也有深浅不同的色泽，多有细片纹。多数器物器形较小，器壁较薄。碗、盘等圈足器足壁多较高。一般为内外施釉，多数器物除圈足或圈足内露胎外，皆通体施釉，也有部分器物外腹施釉不及底。且满釉的器物胎釉质量一般较高，施釉不及底的器物胎釉质量较为一般。藤县中和窑在原料的淘炼精选、制作精工和窑炉还原气氛的掌握等方面都达到了相当娴熟的地步。胎质细腻、洁白，制坯普遍使用轮制，亦兼用模印的方法，因而器形规整，厚薄均匀。在装烧技术上普遍使用匣钵，不仅防止了器物变形，同时可使釉面光洁无瑕。窑址在繁盛时期，烧造多采用一匣一器的仰烧法，胎体多较薄，釉层也相对较薄，胎釉结合佳，釉面常见开片；后期采用一匣多件的叠烧法。这种烧法虽减少了匣钵的使用，提高了装烧容量，但器物内底往往留有叠烧痕，损害了釉面的光洁和美观度。中和窑址衰落阶段的器壁明显较之前厚重，胎质也相对较粗，多素面，纹饰少且构图疏朗粗简，主要为大花、飞禽或六格式的图案花纹，其中飞禽花卉纹、回纹在技法与布局上与"嘉熙二年"（1238）款印花模具的花纹极其相似。

（一）碗

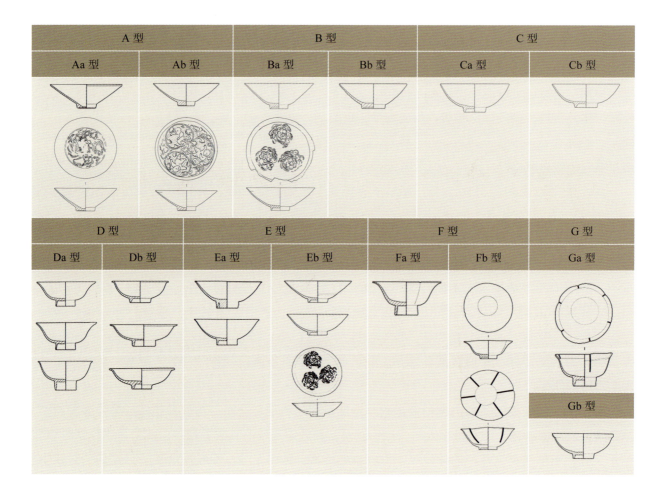

（二）盘

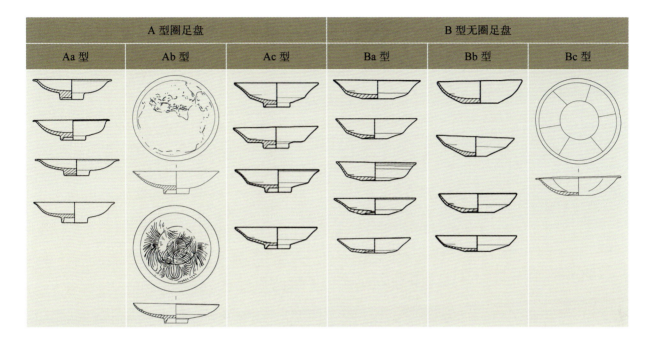

（三）碟、盏

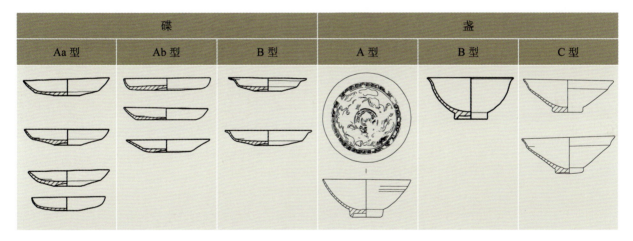

（四）杯、钵、铫

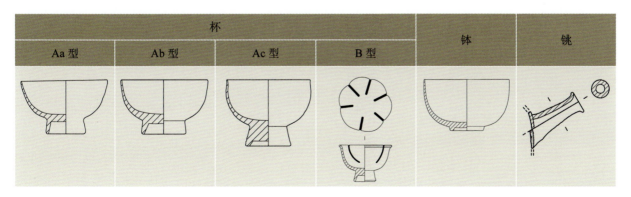

（五）器盖、炉

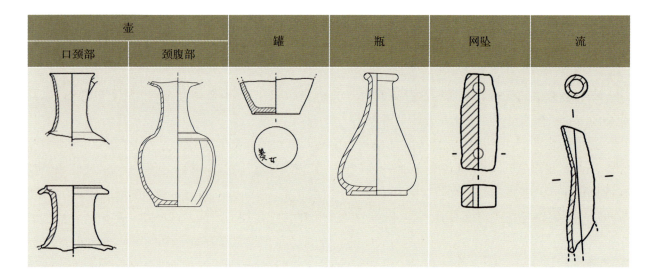

器盖			炉		底座
A 型	B 型	C 型	A 型	B 型	

（六）壶、炉

壶		罐	瓶	网坠	流
口颈部	颈腹部				

（七）研磨棒、间隔具、匣钵

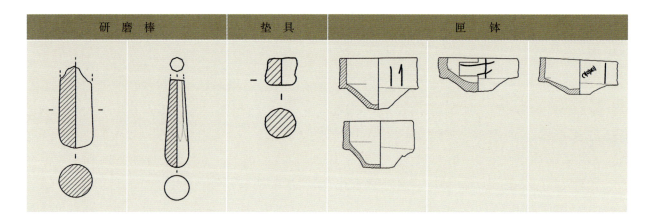

研磨棒	垫具	匣钵		

（八）印模、轴顶碗

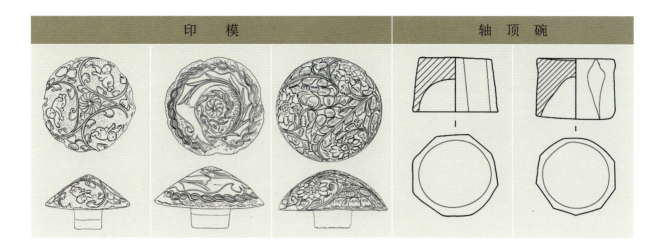

印　模	轴 顶 碗

第二节　器 物 装 饰

中和窑瓷器在造型艺术上，常见器物腹部作瓜棱形，也有作葵瓣、莲瓣状，还有口部作花状，造型多取材于瓜果、葵、莲等。

在装饰艺术上，主要出现在窑址烧造的鼎盛时期，衰落时期几乎皆为素面。以印花为主，占95%以上，题材广泛，有动植物、海水、人物等。兼用刻划花、贴花、镂空等手法。常见印花有缠枝、折枝花卉，缠枝卷叶、束莲、萱草、海水游鱼、海水戏婴、飞禽等，而以缠枝花卉最流行，缠枝花纹主要有菊花、牡丹、芙蓉、莲等。印花线条清晰流畅，构图严谨。缠枝花纹在耀州窑等窑址中虽属常见，但以席纹、菱形纹等作衬底纹的纹饰似乎为中和窑所特有。刻花多见施于瓶、灯座、熏炉等器物，取材多为莲、菊。划花、贴花较少见，划花见施于瓶、盘等器，线条细密流畅，取材花卉、飞禽之类。早期装饰花纹繁缛精致，晚期趋于简化、图案化。

中和窑在造型和装饰艺术方面具有自己的独特风格，手法娴熟，取材广泛，构图布局严谨而多变，线条清晰流畅，富有浓郁的生活气息和民间风味。

一、装 饰 纹 样

中和窑址的印花纹饰来源于印模，这些印模印面刻以花纹图案，制坯时用以模印碗、盏、盘、碟毛坯内壁纹饰。印模多呈蘑菇状，印面尖突，刻海水游鱼、海水戏婴、珍珠地缠枝花卉、双鱼戏荷、水禽、萱草等图案。有的印模尖顶作旋轮图案，印面较圆钝，刻席纹、菱形花地缠枝花卉纹等，还有些印模面顶作旋轮图案或菊叶纹。根据图案内容可大致分为以下类别。

（一）人物

多为组合纹饰，常见婴戏纹（三婴戏菊花）。如标本 002244，蘑菇状，印面尖突，顶作旋轮图案，印面海水戏婴，间以珍珠地缠枝花卉纹。

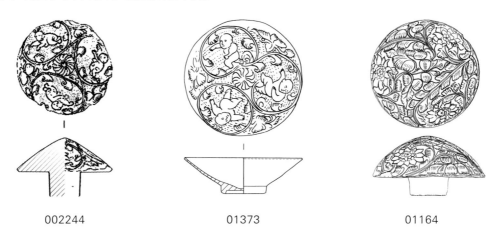

002244　　　　　　01373　　　　　　01164

（二）植物

以缠枝花卉纹为主，多见菊花，也有牡丹、芙蓉，少量内底辅以折线纹、席纹等。

标本 01164，印模，半球形印面，柱形或筒形柄，饰锦地缠枝芙蓉纹。

标本 00299-0100069-1、00299-0100069-2，内壁模印 3 组牡丹纹。

标本 C43、C56、00292、00298、00308、00320 均饰缠枝菊花纹，其中 C43、00292 内底辅以折线纹。

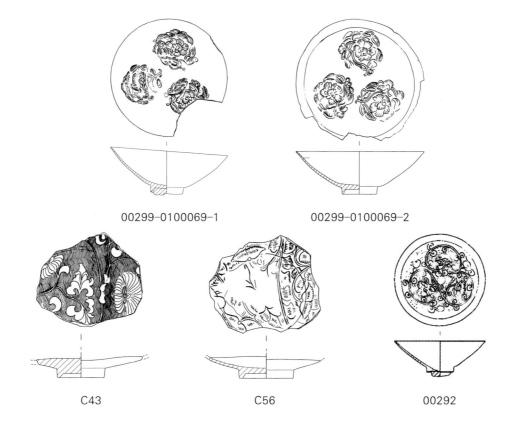

00299-0100069-1　　　　00299-0100069-2

C43　　　　　　C56　　　　　　00292

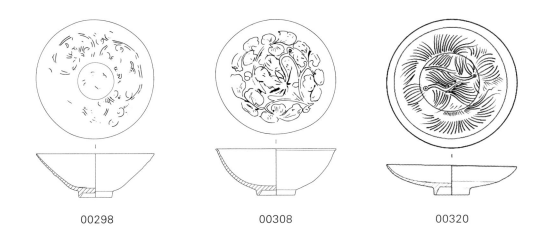

00298　　　　　　00308　　　　　　00320

（三）动物

以动物为主体的纹饰主要有鱼戏荷花纹、摩羯纹、凤鸟纹。

标本 00161 内底饰鱼戏荷花纹；标本 00163 内底饰摩羯纹；标本 00266 内底饰凤鸟纹。

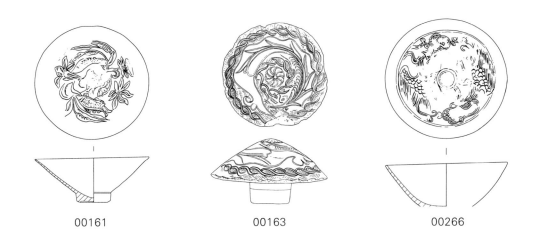

00161　　　　　　00163　　　　　　00266

二、文字与刻划符号

文字多见于碗、盘底部，刻划符号多见于匣钵。匣钵多为漏斗形，制作规整，由耐火材料掺粗砂制成，呈灰褐色，表面有一层薄釉。大者底部多开有一圆孔，外壁刻姓名或数字。如林、程、梁、刘、伍、朱、任、马、周；莫一、莫十、莫一立、陈三、文三、林四、刘四、李伍、李六、李九、欧二、欧小二、区二、龙二、龙六、梁四、程八、黎司、小二、小三、小六、小七、二金、而知等姓氏名款，以及吉、市、息、先、生、本、不、中中、奈、佛、臼等字和五、六、四仟等数字，少数刻划周、六、九、刂、廾、卌等，大小及种类多样。

（一）文字

标本 C17 内底刻有"中窑坊"三字；标本 C23 外底刻有"莫九女"三字；标本 C42 内、外底中间均刻"青"字，外底周边对称仍有四个"青"字。

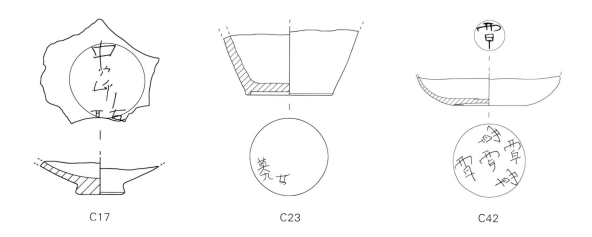

C17　　　　　　　　C23　　　　　　　　C42

（二）刻划符号

标本 C72 外腹壁有两横一竖刻划纹；标本 C85 外腹壁有二竖条刻划痕；标本 C87 外腹壁有两横一竖刻划纹；标本 C90 外腹壁有一竖条及 "　" 刻划痕；标本 C91 外腹壁有四平行竖条刻划痕；标本 C93 外腹壁有 "Ψ" 形刻划痕。

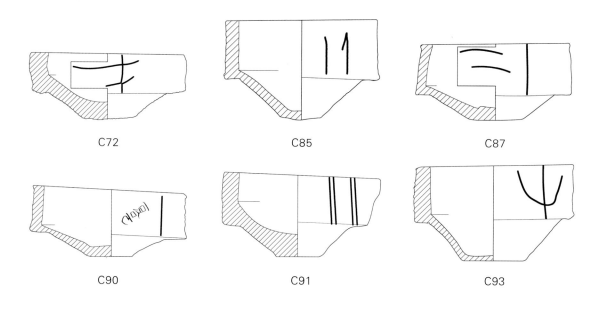

C72　　　　　　　　C85　　　　　　　　C87

C90　　　　　　　　C91　　　　　　　　C93

第三节　价值与意义

藤县地处广西东部的西江流域，是广西地区开发较早、经济文化较发达的地区之一。秦统一岭南置桂林、南海、象三郡，藤县属南海郡，汉武帝平南越，置九郡，藤县属苍梧郡，隋置藤州，唐宋属藤州镡津县。藤县是古代岭南水路交通的要冲，宋代以前中原通往交趾和东南亚的必经之路。唐宋时期，随着南方社会经济的发展和繁荣，广州成为全国对外贸易的最大港口，国内各地的许多外销货物经汉水、长江水系过灵渠古运河进入珠江水系汇于广州，其中瓷器是外销商品的大宗之一。藤县地处长江水系经灵渠进入珠江的交通线上，优越的交通条件和自然条件，促进了藤县中和窑的崛起和发展。

　　藤县中和窑是以生产外销瓷器为主的一处民间瓷窑，生产年代为北宋晚期到南宋晚期[1]。当地富有瓷土，松木茂密，质料、燃料可以就地取材。北流河、西江沿岸悠久的制瓷传统，为中和窑的发展提供了技术条件。中和窑优越的地理交通条件和资源条件，也为它汲取各地的先进成果，不断改进、提高产品质量提供了方便。

　　中和窑址从发现到试掘，收集了大量文物标本。韦仁义在《中国古代窑址调查发掘报告集》一书作了"广西藤县宋代中和窑"发掘报告，1973年10月28日《中国新闻》第6940期报道了有关中和窑的情况，除此之外，很多与陶瓷相关的教科书中时有引用中和窑作为讲学内容。时任故宫博物院古陶瓷研究会副秘书长李辉柄曾先后两次前来考察，很多专家学者对中和窑址的发现给予高度评价，认为中和窑生产时间比较长、规模大、品种多、质量高、产品精，可与负有盛名的景德镇同期产品相媲美，是以生产外销瓷器为主的一处民间瓷窑。藤县中和窑的发现，扩大了我国青白瓷窑址的分布范围，填补了该区生产青白瓷的空白，为研究中国陶瓷发展史、我国古代外销陶瓷提供了新的资料，同时，对研究宋代广西手工业和社会经济、文化以及对外友好往来，特别是与东盟各国往来有重要意义。

图4-1　中和窑址所处位置河流水系图

1　韦仁义：《广西藤县宋代中和窑》，文物编辑委员会：《中国古代窑址调查发掘报告》，文物出版社，1984年。

附 录

中和窑址出土瓷器胎釉成分分析[1]

一、样品来源与描述

由于中和窑址考古发掘时间较早，带有明确地层信息的样品难以确定，因此本次实验样品均从窑址中采集。中和窑样品来自黎山口、平头岭、肥马岭及肥马岭小学、芝麻坪四处窑址重点保护区，样品均为残件，器形有碗、盏、碟、盘等，釉色有青白、青黄、灰白等。

为探讨中和窑青白瓷的发展演变情况，参照中和窑发掘报告以及我国其他地区出土具有年代信息的青白瓷器，通过器形和纹饰对比，选择具有典型年代特征的样品15件，分别为具有北宋中晚期特征，即中和窑的创烧期（早期）样品5件，样品编号为T-LSK1、T-PTL1、T-XX1、T-XX2、T-XX3，无纹饰，圈足较高，挖足较深，釉施至足部；具有北宋末期至南宋中期特征，即中和窑的盛烧期（中期）样品9件，样品编号为T-LSK2、T-LSK3、T-PTL2、T-PTL3、T-FML1、T-FML3、T-ZMP1、T-ZMP2、T-ZMP3，器物内有印花，圈足较矮；具有南宋后期特征，即中和窑的衰落期（晚期）样品1件，样品编号为T-FML2，为叠烧器。

二、实验条件

使用扫描电子显微镜、能量色散型X射线探针对样品胎、釉中的主量元素Na、Mg、AL、Si、K、Ca、Ti、Fe，以及微量元素、痕量元素P、Mn、Cr、Co、Ni、Cu、Zn、Pb、Rb、Sr、Y、Zr进行测量。

测试条件：X光管管压40 kV，管流600 μA，真空光路，光斑直径为100 μm，MnKa处的分辨率137.5 eV，死时间约20%，使用解谱软件进行样品定性定量分析，样品的定量分析采用陶瓷标样法。扫描电镜对样品局部区域进行成分分析。加速电压为20 kV。

三、胎釉配方分析

中和窑青白瓷胎中主量元素化学组成如表1、表2所示。瓷胎中Al_2O_3含量较高，在20.78%～23.94%之间；SiO_2的含量在67.18%～71.74%之间，与当地瓷土化学组成相似，胎料

---

1 周本源、汪常明、朱铁权：《广西中和窑青白瓷化学组成研究》，《广西民族大学学报（自然科学版）》2019年第2期。

应是当地瓷土，且为不添加其他原料的"一元配方"。宋代景德镇青白瓷胎中 Al_2O_3 的含量一般在 20% 以下，故烧成温度较低且在烧成时瓷器容易变形，为了提高瓷器的烧成温度，增加瓷器的强度，到了元代景德镇窑才在瓷石中添加高岭土来提高 Al_2O_3 的含量。因此，相对于宋代景德镇的制瓷原料，中和窑的制瓷原料具有得天独厚的优势。中和窑青白瓷胎早期 $n(SiO_2)/n(Al_2O_3)$ 在 4.8～5.3 间，中期 $n(SiO_2)/n(Al_2O_3)$ 在 5.0～5.3 间，晚期 $n(SiO_2)/n(Al_2O_3)$ 为 5.9，基本符合我国日用瓷的标准。中和窑胎中 Na_2O 含量为 0.72%～1.42%，K_2O 含量为 3.21%～4.59%，CaO 含量为 0.13%～0.91%，一般来说，陶瓷胎中 Na_2O 主要来自钠长石，K_2O 主要来自云母和钾长石，说明中和窑青白瓷胎中的熔剂成分主要来源于云母和钾长石。胎中呈色元素 Fe_2O_3 含量在 1.50%～2.79% 之间，TiO_2 含量在 0.11%～0.37% 之间，因此，中和窑多数青白瓷胎色较白，在不合适的氧化或还原气氛下有些胎色偏黄或偏青。

罗宏杰在对中国古瓷中钙系釉类型进行综合研究后，提出了钙系釉的划分标准，即在 Seger 釉式（$aR_2O.bRO.cR_2O_3.dRO_2$）中，钙釉：$b \geq 0.76$；钙-碱釉：$0.76 > b \geq 0.50$；碱-钙釉：$0.50 > b$。通过计算所测，中和窑青白瓷釉均为 $b \geq 0.84$，因此，中和窑青白瓷釉属于钙釉。一般在明亮的光泽釉中，Al_2O_3/SiO_2 的摩尔比在 1：（6～10）之间，在无光釉中，Al_2O_3/SiO_2 的摩尔比在 1：（3～4）之间，中和窑青白瓷釉 $n(Al_2O_3)/n(SiO_2) = 1$：（6.38～7.81），因此中和窑青白瓷釉具有一定的光泽度。中和窑青白瓷釉中呈色元素 Fe_2O_3 含量为 1.21%～2.37%，TiO_2 含量为 0.11%～0.26%，因此在合适的气氛下青白瓷釉多呈青白色。釉中 Na_2O 含量较少，在 0.53%～0.97% 之间，与胎中的含量相差不多；釉中 K_2O 的含量在 2.47%～3.81% 之间，比胎中含量略低；釉中 CaO 的含量在 10.31%～17.23% 之间，胎中 CaO 含量小于 1%；釉中 MgO 的含量在 1.4%～4.95% 之间，是胎中含量的 2 倍还多；釉中 P_2O_5 平均含量为 5 197 μg/g；MnO 平均含量为 1 754 μg/g，由于胎中基本不含 P 元素，胎中 MnO 含量平均值为 833 μg/g，推测釉中较高的 P、Mn 应该是来自草木灰，故中和窑青白瓷的釉灰可能是某种植物烧石灰多遍淘洗后制得，含有较多的 Mg、Ca、P、Mn 元素。景德镇传统烧灰用的植物是狼萁草，狼萁草是一种典型的酸性土壤指示植物，在中和窑址区调查时，发现北流河两岸的红壤丘陵和坡地上遍生狼萁草，所以，中和窑也可能使用狼萁草与石灰煅烧制作釉灰。中和窑采用的釉石可能为风化不完全的瓷石原料，含有较多的钾长石、云母，少量的钠长石。釉中 RO/R_2O 比值较高，所以中和窑釉为釉石和釉灰以一定比例配成，采用釉灰所占比例相对较高的钙釉配方。

样品 T-FML2 是叠烧器物，在器物内底残留有垫烧物，较厚，约 3 mm。为了探究垫烧物的成分，使用扫描电镜能谱对其进行了测量。此垫烧物中 SiO_2 的含量最高，为 75.53%，Al_2O_3 为 10.05%，K_2O 为 3.04%，CaO 为 8.83%。通过显微观察，发现此垫烧物颗粒较细，含有较多的杂质，但直径都较小，如直径约 25 μm 的铁矿颗粒等，说明此垫烧物是经过筛选的。中和窑位于北流河河岸边，河沙较多，其主要成分为 SiO_2，并含有少量云母、长石等矿物，因此，河沙可能是中和窑晚期的垫烧物原料。所测成分中 Al_2O_3、K_2O 含量较高，也许是为了增加河沙的可塑性能，使河沙能够聚集成为一定的厚度固定在器物底部，窑工在河沙中混入了少量瓷土。另外，所测成分中 CaO 含量较高，可能是烧制过程中釉渗透进垫烧物所致，因此，中和窑晚期的垫烧物主要原料可能为筛选后的河沙和少量的瓷土。

表 1　中和窑青白瓷胎中主量元素化学组成（单位：Wt%）
Tab.1　Chemical composition of major dements in bluish white porcelain bodies of Zhonghe kiln

序　号	样品编号	Na$_2$O	MgO	Al$_2$O$_3$	SiO$_2$	K$_2$O	CaO	TiO$_2$	Fe$_2$O$_3$
1	T-LSK1	0.84	1.65	23.94	67.18	4.00	0.40	0.14	1.85
2	T-LSK2	0.84	1.34	23.27	68.44	4.04	0.30	0.11	1.65
3	T-LSK3	1.35	1.16	22.30	68.67	4.07	0.33	0.15	1.96
4	T-PTL1	0.72	0.97	22.45	69.56	4.11	0.34	0.15	1.70
5	T-PTL2	0.82	1.01	23.05	68.34	4.63	0.20	0.16	1.79
6	T-PTL3	1.15	1.32	22.13	69.01	4.37	0.28	0.13	1.60
7	T-XX1	0.95	1.36	22.11	68.98	4.02	0.60	0.14	1.84
8	T-XX2	1.15	1.23	22.10	68.79	4.59	0.39	0.13	1.60
9	T-XX3	1.42	1.75	23.32	67.47	4.02	0.12	0.14	1.76
10	T-FML1	1.01	0.86	22.25	69.46	3.92	0.88	0.13	1.50
11	T-FML2	0.72	0.25	20.78	71.74	3.21	0.13	0.37	2.79
12	T-FML3	0.75	0.82	22.42	69.27	4.09	0.91	0.13	1.61
13	T-ZMP1	1.24	0.80	21.81	70.11	4.05	0.13	0.17	1.69
14	T-ZMP2	1.07	2.02	21.92	68.83	4.27	0.16	0.16	1.57

表 2　中和窑青白瓷釉中主量元素化学组成（单位：Wt%）
Tab.2　Chemical composition of major dements in bluish white porcelain glaze of Zhonghe kiln

序　号	样品编号	Na$_2$O	MgO	Al$_2$O$_3$	SiO$_2$	K$_2$O	CaO	TiO$_2$	Fe$_2$O$_3$
1	T-LSK1	0.66	3.96	14.37	64.25	2.88	11.35	0.17	2.37
2	T-LSK2	0.67	2.86	14.85	62.34	2.59	15.23	0.15	1.31
3	T-LSK3	0.59	2.48	15.20	65.49	3.56	10.31	0.16	2.21
4	T-PTL1	0.97	3.92	15.38	60.61	3.17	14.33	0.20	1.43
5	T-PTL2	0.81	2.27	14.81	64.45	3.52	12.19	0.14	1.81
6	T-PTL3	0.66	2.04	13.99	64.04	3.37	14.55	0.15	1.21
7	T-XX1	0.94	3.26	14.64	63.50	2.57	13.48	0.15	1.47
8	T-XX2	0.67	3.42	14.00	60.42	2.47	17.23	0.11	1.68
9	T-XX3	0.58	4.95	14.51	58.99	2.74	16.79	0.16	1.28
10	T-FML1	0.79	2.40	15.52	63.83	3.16	12.53	0.14	1.64

（续表）

序　号	样品编号	Na_2O	MgO	Al_2O_3	SiO_2	K_2O	CaO	TiO_2	Fe_2O_3
11	T-FML2	0.72	1.68	16.00	64.56	3.05	11.51	0.19	2.30
12	T-FML3	0.53	1.40	16.86	63.28	3.81	12.62	0.26	1.24
13	T-ZMP1	0.78	3.80	14.65	63.69	2.86	12.51	0.18	1.53
14	T-ZMP2	0.81	3.93	13.92	63.91	2.67	13.08	0.20	1.49

四、胎釉配方及发展演变规律

中和窑胎 Al_2O_3 的含量在 20.78% ～ 23.94% 之间，与当地瓷土化学组成相似，胎料应是采用当地瓷土的"一元配方"。釉采用釉灰所占比例较高的钙釉配方，釉灰应该是狼萁草烧石灰制得，釉石中可能含有较多的云母、钾长石，少量的钠长石。

中和窑青白瓷胎，早期和中期胎中元素组成的变化，可能与淘洗程度和瓷土的发掘深度有关。早期部分原料可能比中期原料粉碎淘洗得更加精细，晚期应是原料采集点发生了变化。中和窑晚期阶段由于优质原料缺乏且社会动乱，为了利益最大化，采用垫沙叠烧，此时青白瓷胎中发现了较多的杂质，如钛铁矿、赤铁矿等，胎中孔隙较多，原料处理工艺较粗糙。

从早期到中期，釉的配方也发生了一些变化，即釉灰减小，釉果增加，釉的高温流动性变小，从而使釉的厚度增加，对胎的遮瑕能力增强。且中期釉的配方更稳定，可见当时中和窑窑工虽然对原料处理不够精细，但制瓷技术有较明显的提升。晚期制釉原料与制胎原料一样，可能也发生了改变，从而说明经过上百年的制瓷原料的开发，中和窑址晚期存在优质原料缺乏的状况，这也许是中和窑晚期停烧、退出青白瓷销售市场的原因之一。

后　记

中和窑址调查报告的标本，由藤县博物馆一代代工作者通过一线田野调查精心收集。2021年6月，我们对中和窑址进行了田野考古调查，并着手整理调查报告。2024年5月，我们完成了复核工作。报告的顺利出版，离不开所有参与调查与整理人员的共同努力，大家的精诚合作是完成这项工作的坚实保障。

本报告由郑建明、林强主编，何安益、司红伟和周舒娴担任副主编。具体撰写分工如下：第一章由何安益、郑建明撰写；第二章由吴双、张润泽撰写；第三章由司红伟、周舒娴、高守雷、赵子豪、聂敏莉、胡选奇共同完成；第四章则由郑建明、何安益、司红伟执笔。林强、郑建明、何安益负责统稿。摄影工作由赵子豪、周其云、郑锂湘、霍晓聪、黎华理承担，绘图由张润泽、黄政完成，插图排版则出自胡选奇、张润泽之手。

上海古籍出版社的宋佳、董瑾女士为本书的编辑工作倾注了大量心血。在报告整理过程中，我们还得到了广西文物保护与考古研究所、藤县文化广电体育和旅游局、藤县博物馆、复旦大学文物与博物馆学系、上海城建职业学院、广西师范大学等单位的大力支持。借此报告出版之际，我们向所有给予指导、帮助和关心的单位表示由衷的感谢。

由于调查标本数量有限，且缺乏发掘地层信息，给整理工作带来了一定挑战。加之编者水平和经验有限，本书难免存在不足之处，恳请专家、学者批评指正。

编者

2024年11月